JN068515

NAGOYA GRAMPUS OFFICIAL YEAR BOOK 2024

CONTENTS

イヤーブックの売上金の一部は
名古屋グランパスアカデミーの育成活動資金となります。

株式会社名古屋グランパスエイト

代表取締役社長 **小西 工己**

日頃は名古屋グランパスの
活動に対しまして
格別のご理解とご声援を賜り、
誠にありがとうございます。

新しいエンブレムと共に、
いよいよシーズンの幕開けです。

「GRAMPUS SOCIO PROJECT」をとおして、
グランパスファミリーの皆さまと創り上げた
私たちの新たな誇りとなる"エンブレム"、
そしてグランパスファミリーにとって
大切な「グランパス ファミリー ステートメント」。

"Never Give Up for the Win"
"Challenge for the Top"
"Open Mind for the Grampus Family"

さあ、"名古屋の風"を起こしましょう！
そして、その風が巻き起こす
上昇気流に乗って、
どこまでも高みを目指し、
輝く"星"を勝ち獲りましょう！

小西 工己

グランパス ファミリー ステートメント

名古屋グランパスの未来は、グランパスファミリーの皆さまと共に築いていく――。そうした強い意志を抱いてスタートした「GRAMPUS SOCIO PROJECT」。そのプロジェクトの中で、対話を重ねて「グランパス ファミリー ステートメント (Grampus Family Statement)」が生まれました。

名古屋グランパスに宿るDNA、「Never Give Up for the Win」という精神。頂を目指して弛まぬ努力を続け、世界に挑み続ける。そしてクラブが皆さまの日常に溶け込み、グランパスファミリーの輪を大きく広げていく。

名古屋グランパスはこれまで毎年スローガンを発表させていただいておりましたが、これからは「グランパス ファミリー ステートメント」として定められました「Never Give Up for the Win」、「Challenge for the Top」、そして「Open Mind for the Grampus Family」、この3つのフレーズをクラブが普遍的に大切にしていくものを表した言葉として、スローガンの代わりに掲げてまいります。

詳細はこちら▶

新エンブレム

新しいエンブレムは「GRAMPUS SOCIO PROJECT」において、対話や意見交換を繰り返しながらブラッシュアップし、完成しました。従来のエンブレムの伝統と特徴を引き継ぎつつ、「グランパス ファミリー ステートメント」を表現するデザインを細部に施しました。

中央の新たなシャチのシンボルは「ネバーギブアップ／勝利のために決してあきらめない」という想いを周囲に波及させて、グランパスファミリーと共にどこまでも高く昇っていく意志を表現しています。その形状には、世界の頂点を目指して挑戦し続けるという想いも込めています。シンボルを取り囲む盾は、グランパスを象徴する「ロッソ・ジャッロ（赤と黄色）」のカラーバランスを継承しました。盾の上部は「Challenge for the Top」の意志を表現、下部は「シャチの尾びれ」をイメージし、推進力を生み出す力強い印象を表す形状となっています。フラッグデザインに施した渦状のデザインは、「オープンマインド」の精神を意味し、グランパスファミリーの輪の広がりを表現しています。

皆さまと共に創りあげてまいりましたこのエンブレムが、これまでのエンブレムと同じく、多くの方に愛され、誇りに感じていただけるよう、クラブも成長を続けてまいります。

詳細はこちら▶

長谷川 健太

今こそ、ファミリーのために

攻守にアグレッシブで、常にゴールを目指すサッカー。
3年目を迎えても、指揮官が理想とするスタイルに一切ブレはない。
主軸の移籍が相次ぎ、大きな変化が求められるシーズンを前に、
「ファミリーのために全員が全力で闘おう」と指揮官は叫んだ。
その熱が上昇気流に変わり、チームを頂点へと押し上げる。

写真＝鈴木元徳　Photo by Motonori SUZUKI

どんな変化が必要か考え
新しいものを取り入れたい

とてもいい雰囲気で順調にキャンプが進んでいると思います。

長谷川　みんなとても意欲的で、いいスタートが切れました。今年もチャレンジしたいことがあるので、我慢強くやっていきたいと思います。

監督はオフにヨーロッパへ視察に行きました。現地では3チームをご覧になったそうですね。

長谷川　はい。特にレヴァークーゼンを観たいと思っていたので、そこを中心にUEFAチャンピオンズリーグとUEFAヨーロッパリーグ、ブンデスリーガを3試合観ました。監督になってからヨーロッパにはこれまでも何度か行っていましたが、近年はコロナ禍で全く行けなかったので、世界のサッカーを実際に自分の眼で見て、感じることが主な目的でした。

監督ほどのベテランでも常にアップデートすることが大切なのですね。

長谷川　やっぱり勝ちたいので、少しでも自分に刺激を入れたかったです。グランパスが昨シーズンよりもレベルアップするために、チームとしてどんな変化が必要なのかを考えて、新しいものをどんどん取り入れたいと思っています。ただ、どこかのチームをそのまま真似するということではなくて、今回そろったメンバーを踏まえて、"闘う"という部分は変えずに、必要なものだけを取り入れていく。そうやってチーム作りに生かしていければと思っています。

今シーズンは14人の新戦力が加わり、チームのおおよそ3分の1が入れ替わりました。

長谷川　とても多種多様というか、タレントがそろったなという印象です。強化部が本当に頑張ってくれました。

これまでと特に異なるのは、前線にパトリック選手、山岸祐也選手と得点力のある選手を2人も加えたことです。キャスパー ユンカー選手を含め、昨シーズン二桁得点を挙げた選手が3人もいるというのは、とても楽しみな部分です。

長谷川　そうですね。昨シーズン終盤、ゴール期待値はそこそこあったのですが、その期待値どおりにゴールを奪うことができませんでした。フィニッシュの部分で足りていなかったのは数字を見ても明らかなので、Jリーグで結果を残しているストライカーたちを補強できたのはとても大きいと思っています。

一方のディフェンスラインは、これまでの堅守を支えてきた主力がチームを去り、これからチャレンジを求められる選手が多いように感じます。

長谷川　森下龍矢（レギア・ワルシャワ）と藤井陽也（KVコルトレイク）が海外移籍するということで、日本代表クラスの2人が抜けました。チームにとっては大きなことですが、こればかりは仕方ありません。彼らの穴を埋める実力を持ったタレントが入ってきてくれたと思います。新たな環境で簡単にうまくいくとは思っていませんが、試行錯誤しながら、連動を重ねながら、しっかりとチーム作りをしていきたいです。

海外へ旅立った2人が成功することは、今後のグランパスの力にもなりますね。

長谷川　そうですね。今いる選手、特に若い選手にとってはいい刺激になるでしょうし、「彼らがヨーロッパに行けるなら自分も」という思いにもなります。それが高いレベルの競争につながっていい循環が作れたら、グランパスにとってすごくいいことだと思います。「2人が出ていったから戦力が落ちてしまった」ではなく、2人がいた時以上のチームを作っていかなければいけないなと思っています。

より監督の手腕に比重が掛かる3年目となりそうです。キャンプでどれだけチーム作りを進められるかが鍵になりますね。

長谷川　しっかり連係を深めることができるか、そして多彩なメンバーを適材適所に置けるか、そこが大事になってくると思います。

どんな選手が台頭してくるかも楽しみですが、今シーズンはスタッフ陣の変更もありました。分析担当コーチを増やした狙いは？

長谷川　対戦相手が増えましたし、情報戦は年々激しくなっていますからね。アナリストをもう少しうまく使いながら、選手たちに瞬時に情報をフィードバックできればと考えています。上（スタンド）から試合を観るとチームがどんな形で戦っているのかわかるので、その情報を踏まえて「自分たちはどう試合を進めていくべきか」というやり取りをしています。ハードウェアの発達とソフトの充実ということもありますが、そういう分析の仕方は昔と比べたら本当に雲泥の差ですね。もちろん、選手への情報の提示方法も変わってきています。練習前にミーティングをやりますが、グラウンドに出ると忘れてしまう選手もいるので、トレーニングの直前にグラウンドで映像を見せるなど、そういった工夫もしています。

キャスパー頼みにならないよう得点ルートをたくさん作りたい

昨シーズンは14勝10分10敗、ホームでは負けなしでした。この成績をどう捉えていますか？

長谷川　前半戦の成績が良かった分、やはり後半戦が残念だったなと思います。昨シーズンは前線の3人をうまく連係させるという狙いでキャンプをスタートさせて、試合を重ねるごとにその連係は高まっていきました。今シーズンはそれ以上のチームを作れそうな手応えがありますし、タレントもたくさんいるので、昨シーズンとは少し違ったテイストのチームを作れるのではないかと思っています。

選手の特徴によって戦い方を変化させていくことは必須ですね。

長谷川　そうですね。ただしチームの本質、"アグレッシブに闘う"というところは変わらないですし、変えたくない部分です。やはりゴールに向かう迫力のところは、昨シーズンまでと同様に突き詰めていきたいと思っています。

監督は常々チーム総得点「50」以上が優勝争いのラインになると言っています。

長谷川　やはり得失点差が「＋20」以上ないと優勝できないと思います。38試合で失点は「37」以下が目標なので、そうなると得点は「57」以上取りたいですね。キリのいいところで「55得点以上」にしましょう。もちろん、チーム全体のバランスが大事ですが、昨シーズンの最後はキャスパー頼みになって、相手も対応しやすかったと思うので、

今シーズンはゴールへのルートをたくさん作りたいです。

昨シーズンは途中出場した選手がゴールを決められないというジレンマもありました。

長谷川　ルヴァンカップや天皇杯で交代出場した選手が得点していたことを考えると、リーグ戦の先発メンバーとベンチメンバーにちょっと差が出てしまったのかなと反省しています。それを踏まえて、今シーズンはチームとしてその差を埋めていきたいですし、どの16人が出てもチーム力が落ちない、変わらないチームを作っていきたいです。日程もタイトだと思うので、チームの総合力を上げていくことが大事になってきます。

ルヴァンカップは若手を積極的に登用する大会でもありますが、勝ち上がらなければ若い選手のアピールの場が減ってしまうことになります。

長谷川　もちろん、そういう場で成長することもあるのですが、若手にはキャンプからしっかりアピールしてほしいですね。キャンプの時点でアドバンテージを持っておかないと、経験のある選手に勝つことはできません。キャンプでどれだけいいスタートダッシュが切れるか。今シーズン、若い選手がどこまでやれるかは、このキャンプでの頑張りに懸かっていると思っています。

監督は選手のマネジメントについても、かなり気を配っているように感じます。

長谷川　選手それぞれに特徴があるので、アプローチの仕方も変わってきます。当然、フォローし切れない部分もありますが、すべての選手を成長させたいという気持ちがありますし、グランパスで一緒に仕事をしたことで、「サッカーに対する考え方が変わった」とか「物事に対する考えが変わった」と言ってもらえるような関係を構築されればと思っています。どうしても、試合に出ている選手とのコミュニケーションが長くなってしまいますが、すべての選手と少しでも話す時間を持ち、全体をケアしていきたいと思っています。

さまざまな変化があったなかで、今シーズンはクラブのエンブレムも変わりました。

長谷川　斬新なデザインで、すごくいいですよね。普段着に入っていても全く違和感がないですし、本当にかっこいいと思います。

「グランパス ファミリー ステートメント」にある「Challenge for the Top」という言葉に対してはどんな想いがありますか？

長谷川　毎年トップを狙って準備をしていますが、今シーズンは本当にいい補強ができたので、しっかりチーム作りをしていきたいです。激しい競争の中で一つになれるか。選手たちには「自分ではなく誰かのためにという想いを持ってやろう」と話しました。勝つために、いつも応援してくださっているファミリーのために、みんなで闘おうと。「誰かのために闘う」という気持ちは、強い力を出すうえで最も大事なことだと思います。もちろん、自分の家族のためでもいい。それも含めてグランパスファミリーですからね。そういう強い気持ちを持ってリーグ戦に臨みたいです。

目標はタイトル獲得で間違いないと思いますが、ほかに見せたいものはありますか？

長谷川　少しでも感動を与えられたらと思っています。試合を観に来てくれた人たちに「スタジアムへ来て良かった」と思ってもらえるような試合を一つでも増やさなければいけません。そのために、すべてを出すこと。「Never Give Up」の精神にもつながってきますが、とにかくすべて出し切る。「ファミリーのために」という想いがあれば熱いゲームができると思います。常に熱い試合を見せられるように闘っていきます。

PLAYERS 2024

1	GK	LANGERAK
16	GK	Yohei TAKEDA
23	GK	Daiki MITSUI
35	GK	Alexandre Kouto Horio PISANO
37	GK	Daichi SUGIMOTO
2	DF	Yuki NOGAMI
3	DF	HA Chang Rae
4	DF	Shion INOUE
20	DF	KennedyEgbus MIKUNI
24	DF	Akinari KAWAZURA
30	DF	Ei GYOTOKU
5	MF	Haruki YOSHIDA
6	MF	Takuji YONEMOTO
7	MF	Ryuji IZUMI
8	MF	Keiya SHIIHASHI
14	MF	Tsukasa MORISHIMA
15	MF	Sho INAGAKI
17	MF	Ken MASUI
19	MF	Takuya SHIGEHIRO
21	MF	THALES
25	MF	Tojiro KUBO
26	MF	Shumpei NARUSE
27	MF	Katsuhiro NAKAYAMA
32	MF	Haruto SUZUKI
34	MF	Takuya UCHIDA
41	MF	Masahito ONO
66	MF	Ryosuke YAMANAKA
9	FW	Noriyoshi SAKAI
10	FW	PATRIC
11	FW	Yuya YAMAGISHI
18	FW	Kensuke NAGAI
28	FW	Kyota SAKAKIBARA
77	FW	Kasper JUNKER

QUESTION 8 ［アンケート項目］
①サッカーを始めた年齢
②自分の武器
③試合前に必ずすること
④サッカー選手としての夢
⑤グランパスサポーターの印象
⑥趣味・マイブーム
⑦休みの日にしていること
⑧今シーズンの目標（サッカー以外）

GK
ランゲラック

在籍7年目、今年で36歳を迎えるベテランGK。年齢を重ねるごとにすごみを増していく超人の一人で、衰え知らずの俊敏性と膨大な経験則をもって名古屋のゴールマウスに鍵を掛ける。1試合に数回のビッグセーブを見せるのは当たり前。PK戦にめっぽう強く、ここ数年はペナルティーエリア内における制空権の範囲も広げた。年長者としての責任感も強く、今季は若手やハ チャンレのようなJリーグビギナーたちの良き模範となることを公言するなど、言葉の壁を越えてリーダーの自覚たっぷりに新たなシーズンに臨む。メンバーが入れ替わり、再構築が急務なディフェンスラインも、最後尾にこの守護神がいれば安心だ。2024年も背番号1の牙城は揺るがない。

PROFILE [プロフィール]

ニックネーム	ミッチ
生年月日	1988年8月22日
出身地	オーストラリア
身長・体重	193cm・79kg
血液型	——
利き足	右足

CAREER [経歴]

メルボルン・ビクトリーFC（オーストラリア）➡サウス・メルボルンFC（オーストラリア）➡ボルシア・ドルトムントⅡ（ドイツ）➡ボルシア・ドルトムント（ドイツ）➡VfBシュトゥットガルト（ドイツ）➡レバンテUD（スペイン）

QUESTION 8 [質問]

①6歳 ②本能 ③毎試合同じルーティンをすること ④ —— ⑤常に応援してくれる日本で一番のサポーター ⑥ —— ⑦家族と一緒に過ごす ⑧ ——

DATA [出場データ]

シーズン	所属クラブ	カテゴリー	出場（得点）			
			リーグ	リーグ杯	天皇杯	ACL
2018	名古屋	J1	34 (0)	——	1 (0)	——
2019	名古屋	J1	33 (0)	2 (0)	——	——
2020	名古屋	J1	34 (0)	4 (0)	——	——
2021	名古屋	J1	38 (0)	5 (0)	4 (0)	7 (0)
2022	名古屋	J1	33 (0)	7 (0)	1 (0)	——
2023	名古屋	J1	34 (0)	6 (0)	3 (0)	——
通算		J1	206 (0)	24 (0)	9 (0)	7 (0)

2

DF

野上 結貴

飄々々としていて捉えどころのない性格の持ち主である一方、思慮深くサッカーを追求し続ける哲学的な一面も併せ持つ。自然体で構えるそのファイティングポーズに力感はないが、対人守備の強さ、コンタクトの激しさはむしろ荒々しいとさえ言える。空中戦、地上戦ともにDF離れした攻撃性能を持ち、今季はビルドアップの起点や縦パスの供給源として重要な役割を担うだけでなく、大きく顔触れが変わったディフェンスラインにおいて、積み重ねを体現する伝道者としても期待される。「どのシーズンも開幕スタメンを狙う。そしてシーズンをとおして戦う。それは毎年変わらない」。そう宣言するプロ12年目、泰然自若のDFは、風に吹かれる柳のごとく、いつもそこにいてチームを支える。

PROFILE [プロフィール]

ニックネーム	ガミ
生年月日	1991年4月20日
出身地	東京都
身長・体重	180cm・72kg
血液型	B型
利き足	右足

CAREER [経歴]

若杉SC➡ワセダクラブForza'02➡保善高➡桐蔭横浜大➡横浜FC➡サンフレッチェ広島

QUESTION 8 [質問]

①7歳 ②対人、縦パス ③ルーティン ④—— ⑤ホームを感じさせる雰囲気作りをしてくれる ⑥ゴルフ ⑦子どもと公園 ⑧名古屋の観光地巡り

DATA [出場データ]

シーズン	所属クラブ	カテゴリー	出場（得点）			
			リーグ	リーグ杯	天皇杯	ACL
2012	横浜FC	J2	3(0)	——	——	——
2013	横浜FC	J2	41(1)	——	0(0)	——
2014	横浜FC	J2	41(5)	——	1(0)	——
2015	横浜FC	J2	37(0)	——	2(0)	——
2016	横浜FC	J2	8(0)	——	——	——
	広島	J1	4(0)	2(1)	2(0)	——
2017	広島	J1	24(0)	6(0)	2(0)	——
2018	広島	J1	30(0)	4(0)	1(0)	——
2019	広島	J1	33(1)	2(0)	1(0)	5(0)
2020	広島	J1	30(1)	2(0)	——	——
2021	広島	J1	37(0)	1(0)	——	——
2022	広島	J1	25(1)	13(1)	5(0)	——
2023	名古屋	J1	31(1)	6(0)	4(1)	——
通算		J1	214(4)	36(2)	15(1)	5(0)
		J2	130(6)	——	3(0)	——

※2012シーズンはJFA・Jリーグ特別指定選手

YUKI NOGAWA

NEW

DF

ハ チャンレ

歴 戦の猛者たちがチームを去り、再構築を迫られた最終ラインに加わった新戦力。韓国Kリーグの強豪である浦項では主力センターバックとして活躍し、昨年10月のACLグループステージでは埼玉スタジアム2002で浦和を完封した。どっしりと厚みのある体格と長身を生かしたパワフルな対人守備が持ち味で、カバーリングに走るスピードもチーム屈指。なによりもその"熱さ"でファミリーの心をつかむだろう。ピッチ外での穏やかさとは対照的に、「キリカエ！」をはじめとする日本語でのコーチングは絶叫レベルの迫力で、ディフェンスリーダーとしての資質も十分。「Jリーグでのプレーは小さい頃からの夢だった」と語る屈強なDFは、29歳にして実現した初の海外挑戦に心を躍らせている。

PROFILE [プロフィール]

ニックネーム	チャンレ
生年月日	1994年10月16日
出身地	大韓民国
身長・体重	188cm・90kg
血液型	B型
利き足	右足

CAREER [経歴]

仁川ユナイテッド（韓国）➡浦項スティーラーズ（韓国）➡金泉尚武FC（韓国）➡浦項スティーラーズ（韓国）

QUESTION 8 [質問]

①10歳　②1対1　③——　④——　⑤——　⑥釣り、カフェ、読書、ドラマ　⑦おいしいレストランやカフェ巡り　⑧日本語で簡単な会話ができるようになること

4

NEW

DF

井上 詩音

菅 原由勢や藤井陽也らと同期のアカデミー出身センターバック。高さ、速さといった運動能力を最大の武器とし、U-18時代にはサイドバックもこなした。トップ昇格を逃して進学した専修大でキャプテンを務め、昨季J2甲府でプロデビュー。1年目からリーグ戦30試合に出場し、ACLグループステージでも5試合1得点と活躍した。「名古屋に戻ってくるためにプロになった」と目を輝かせる23歳に対する周囲の期待は大きく、アカデミー時代をよく知る山口素弘GMは「プロでの成長には目を見張るものがあった」と高く評価。ハイラインで守る甲府での経験は、名古屋の高強度な守備にも生かされるはずだ。「個で守る守備は僕の強み」と話す男はポジション争いにも自信をのぞかせている。

PROFILE [プロフィール]

ニックネーム	しおん
生年月日	2000年4月25日
出身地	愛知県
身長・体重	184cm・77kg
血液型	A型
利き足	右足

CAREER [経歴]

守山FC➡Nagoya S.S.➡名古屋グランパスU-18➡専修大➡ヴァンフォーレ甲府

QUESTION 8 [質問]

①11歳 ②身体能力を生かしたヘディング、対人、カバーリング ③音楽を聴く ④—— ⑤日本一熱い ⑥サウナ、カフェ ⑦友だちと会う ⑧親孝行

DATA [出場データ]

シーズン	所属クラブ	カテゴリー	出場(得点)			
			リーグ	リーグ杯	天皇杯	ACL
2023	甲府	J2	30 (1)	——	——	5 (1)
通算		J2	30 (1)	——	——	5 (1)

ハ チャンレ
存在価値の証明

主力選手たちの移籍で再構築を目指す名古屋の最終ラインに、
新たなディフェンスリーダーとなる"闘将"が韓国からやってきた。
「Jリーグでのプレーが夢だった」と語る29歳の実力派センターバックは、
激しいディフェンスとピッチ上での強烈なキャラクターで、
チーム内での存在感を日に日に増し続けている。

写真＝本美安浩　Photo by Yasuhiro HONMI

Jリーグは憧れであり
一つの目標だった

新たな挑戦に踏み出した決め手は？

ハ　私は2017年に仁川ユナイテッドでプロデビューし、翌年に浦項スティーラーズへ移籍しました。兵役の間は韓国軍のチームでプレーしましたが、その期間を除いて浦項で4年半プレーして

いたので、「そろそろ新しい環境でのプレーにトライしてみたい」と思っていたところでした。また、私にとってJリーグは小さい頃からの憧れであり、そこでプレーすることは一つの目標でした。オファーを受けた時にほかのチームでプレーするという選択肢は頭の中からなくなりましたね。

グランパスからのオファーは驚きでしたか？

ハ　正直、少し驚きました。オファーがあったの

は、昨年の12月に行われたACL（AFCチャンピオンズリーグ）グループステージの最終戦後でした。武漢から韓国へ帰国するための飛行機に乗る直前に、仲介人から「名古屋グランパスからオファーが来ているよ」と聞きました。急な話でしたが、Jリーグでプレーすることは夢だったので、これはもう行こうと。すぐに決断しました。

なぜ、Jリーグでプレーしたいと思っていたのでしょうか？

ハ　小さい頃から旅行や遠征で何度か日本に来たことがあり、その時に触れた日本の文化が自分にすごく合ったんです。私は静かなところが好きだし、温泉も好きだし、日本の食べ物がすごく口に合った。サッカーに関しても、施設を含めた環境面がすごく優れていると感じ、「いつかチャレンジしてみたい」と思いました。

今回の移籍にあたり、Jリーグでプレーしたことのある韓国人選手に相談しましたか？

ハ　グランパスでプレーしたことのあるオ ジェソク選手（大田ハナシチズン）と、軍隊のチームで同期のク ソンユン選手（京都サンガF.C.）の2人にたくさん話を聞きました。日本の文化であったり、サッカースタイルなど、いろいろな面でアドバイスをしてもらいました。プロサッカー選手と

して海外でプレーすることは自分にとっていい経験であり、その後のキャリアにおいてのストロングポイントにもなると思いました。

Jリーグとリーグのサッカーの違いについては、どのように感じていますか？

ハ　Jリーグは試合のテンポが速くて、ドリブルやファーストタッチのクオリティーがすごく高いと思っています。それはグランパスでの練習でも感じます。Kリーグはよりフィジカル的なところ、体力や走るスピードが長所だと感じます。

ご自身のストロングポイントを教えてください。

ハ　自分の長所はフィジカルです。スピードや相手のFWを潰しにいく時の球際の強さですね。後ろから声を出して、ディフェンスラインをリードすることも得意です。プロとして多くの試合に出て、さまざまなタイプのFWと対戦するなかで、自然とそのようなスタイルになっていきました。「こういうタイプのFWにはこう対応したほうがいい」というように、いろいろな経験が重なって自分の長所になっていったと感じます。今の自分の強みは、経験から来るものと言えますね。

プロとしての今の自分があるのはこのおかげだ、と思う出来事はありますか？

ハ　仁川から浦項に移籍した時に、キム グァンソ

クというセンターバックの選手がいました。ベテランの選手で、すごく才能のある、強いセンターバックでした。その方と3年くらい一緒にディフェンスラインを組んで、パートナーとして本当にいろいろなことを教えてもらいました。守備の統率の仕方も、隣にいるキム選手の姿を見て勉強しました。その経験が自分を一番成長させてくれたんじゃないかなと思います。

どんなところにセンターバックというポジションの魅力を感じていますか？

ハ　少し昔の選手になりますが、私が好きな選手は、世界的にもすごく有名な元イングランド代表のジョン・テリー選手や、元セルビア代表のネマニャ・ヴィディッチ選手。ファイター型の選手ですね。彼らのようないいディフェンスができた時、そしてクリーンシートを達成してチームが勝った時に大きな喜びを感じます。プレーで言えば、相手FWをパワーで抑えたり、決定的なシーンで自分がスライディングして失点を防ぐようなプレーが好きです。

穏やかに話していますが、ピッチ上では叫ぶように「キリカエ！」と指示を出したり、人が変わったような激しさを見せますね。

ハ　ピッチではそれぐらいの強さで言わないと聞こえませんからね（笑）。だからプレー中はちょっと強めに言うようにしています。

スイッチが入るのでしょうか？

ハ　日常生活とは少し違った姿が出てきます（笑）。ただ、ピッチで闘うのであれば、それぐらいのキャラクターを出さないといけないと思います。日常生活ではむしろおとなしい性格で、シャイな人間ですが、ピッチではプロサッカー選手としての仕事を果たすべきですからね。

チームメイトたちのプレーを見て、どんな印象を持っていますか？

ハ　全員のテクニックの高さにすごく驚きました。また、自分がイメージしていた日本人のサッカー選手像とも少し違っていて、チームメイトたちの闘う姿勢にも驚かされました。そういう雰囲気の中で練習ができているからこそ、「自分も後ろからもっともっと声を出さなければ」という気持ちになっています。

浦項での経験を踏まえて、勝つため、そしてタイトルを獲るために必要だと感じることは？

ハ　リーグタイトルを獲ったことはないですが、2位で優勝を逃した時にすごく感じたのは、大事な時期に負傷者が出たことや運も含め、苦しい時間帯や苦しい時期が必ずあるということです。そういった時に仲間のためにもう一本走れるか、どうやってモチベーションを高めていくか、それがすごく大事になると思います。目の前の1試合は長いシーズンに比べればすごく短い時間なので、その90分間の勝負の中で、自分たちが準備したものをどれだけ発揮できるかも重要です。

自分の価値を証明し認めてもらうために

今年からクラブが掲げている「グランパス ファミリー ステートメント」の中に「Never Give Up for the Win」という言葉があります。

ハ　私の座右の銘は「すべてに対して努力しないと、いい結果は絶対に手に入らない」です。私はこの言葉を意識してプレーしていますが、それはまさに「Never Give Up for the Win」という言葉にすごく似ているものだと思いますね。

あきらめてしまいそうになった時に、どうやって自分を奮い立たせますか？

ハ　長いシーズンでは、あきらめてしまいそうになる試合展開や時間帯、時期は必ずあります。でも、そういう時にいつも思い出すんです。「自分は小さい頃からプロサッカー選手を目指してサッカーをやってきて、今夢をかなえている。だからこそ自分がサッカー選手になるためにしてきた努力、過去をもう一度振り返ってみよう」と。そうすると、「夢をかなえたからこそ、もっと努力しなければいけない、闘わなければいけない」と思えるんです。今この舞台で自分がサッカー選手としてプレーできていることに感謝しながら、その気持ちを忘れないように意識しています。

新たな挑戦のシーズンで成し遂げたいことは？

ハ　個人的に「全試合出場が目標」とか、そういうものにはあまり意味がないと思っています。日本に行くと決めた時に「日本で自分の価値を証明しよう。認めてもらおう」と決意しました。それが今年の目標になりますね。

そのためにはどんな姿、どんなプレーを見せるべきだと考えていますか？

ハ　価値を証明して、認めてもらうためには、移籍していった昨年の主力選手たちの穴を完璧に埋めなければいけません。今年は新加入選手が多いので、開幕直後に昨年との差や違いを感じるかもしれません。でも、そういうふうに映らないようにしたいですし、自分のプレーでそれ以上の印象を残したいと思っています。夢だった舞台に立つわけですし、しかもホームゲームにはすごくたくさんの観客が来てくれると聞いています。大勢の観客の前でプレーすることが楽しみです。

グランパスはクラブに関わる方を"ファミリー"と呼んでいます。新たなファミリーへメッセージをお願いします。

ハ　この冬の時期はどんなチームにも移籍があって、選手が入れ替わることも少なくありません。今年は特に最終ラインのメンバーが入れ替わったので、ファミリーの皆さんは心配をしているかもしれません。でも、私は仲間たちと練習して、努力して、チームの組織力を高めます。内容、結果ともにいいものを見せられるように頑張ります。皆さんも共に闘ってください。

Haruki YOSHIDA

5

MF
吉田 温紀

名 古屋U-18から昇格してプロ3年目を迎える大型ボランチ。新体制発表会では「31」から「5」への背番号変更のサプライズがあり、クラブからの期待の大きさを感じさせた。ピッチ全体を俯瞰する能力に秀で、長短、高低のパスを操って中盤の底からゲームを組み立てる。昨季のルヴァンカップ準々決勝第2戦ではミドルシュートで劇的な決勝点を挙げ、「アカデミー時代からお世話になっているクラブへ恩返しするためにも、グランパスを代表する選手になりたい」と宣言。その意気込みは今年のキャンプの姿勢からも強くうかがえる。本格ブレイクを期する今季は、センターバックのポジション争いにも身を投じ、激しい守備と積極的な攻撃参加、セットプレー時の得点感覚をアピールしている。

PROFILE [プロフィール]

ニックネーム	はるき
生年月日	2003年4月29日
出身地	三重県
身長・体重	181cm・75kg
血液型	A型
利き足	右足

CAREER [経歴]

アレグロッソ桜島➡名古屋グランパスU-15➡名古屋グランパスU-18

QUESTION 8 [質問]

①7歳 ②長短のパスの精度と使い分け ③トイレ ④日本を代表する選手になり海外で活躍する ⑤あつい ⑥「Netflix」 ⑦トレーニング、遊び ⑧けがをしない

DATA [出場データ]

シーズン	所属クラブ	カテゴリー	出場（得点）			
			リーグ	リーグ杯	天皇杯	ACL
2021	名古屋	J1	——	——	——	0 (0)
2022	名古屋	J1	1 (0)	4 (1)	2 (0)	——
2023	名古屋	J1	2 (0)	4 (1)	1 (0)	——
通算		J1	3 (0)	8 (2)	3 (0)	0 (0)

※2021シーズンは2種登録選手

6

MF

米本 拓司

キャリアで負った数々のけがは普通なら選手生命に関わるほどの重傷だったが、そのたびに「俺にはサッカーしかないから」と立ち上がり、復活するたびに存在感を増していった。「不屈」という言葉がこれほど似合う選手もいないだろう。豊富な運動量とボール奪取能力、インテンシティを絵に描いたようなMFだが、ここ2年ほどで攻撃のスイッチを入れる縦パスにも磨きを掛けた。昨季後半戦のチームの失速は、米本の負傷離脱と無関係ではないだろう。MF登録でチーム最年長の33歳は、今なお自らに進化と成長を求め、「何年かあと、引退するシーズンが一番良かったと言われるように」と活力に満ちている。中盤の定位置争いのライバルは増えたが、そう簡単にその座を譲るつもりはない。

PROFILE ［プロフィール］

ニックネーム	ヨネ
生年月日	1990年12月3日
出身地	兵庫県
身長・体重	177cm・72kg
血液型	O型
利き足	右足

CAREER ［経歴］

瑞穂SC➡伊丹FC➡伊丹高➡FC東京➡名古屋グランパス➡湘南ベルマーレ

QUESTION 8 ［質問］

①5歳 ②ディフェンス ③猫の写真を見る ④リーグ優勝 ⑤熱い ⑥猫 ⑦家でゆっくり ⑧パソコン教室に通う

DATA ［出場データ］

シーズン	所属クラブ	カテゴリー	出場（得点）リーグ	リーグ杯	天皇杯	ACL
2008	神戸	J1	―			
2009	FC東京	J1	28 (1)	8 (3)	3 (0)	―
2010	FC東京	J1	7 (0)	―	2 (0)	
2011	FC東京	J2	1 (0)		―	
2012	FC東京	J1	27 (0)	4 (0)	1 (0)	5 (0)
2013	FC東京	J1	33 (1)	4 (0)	5 (0)	―
2014	FC東京	J1	33 (2)	6 (0)	3 (0)	―
2015	FC東京	J1	31 (1)	5 (0)	2 (0)	―
2016	FC東京	J1	21 (0)	―	―	7 (0)
2017	FC東京	J1	11 (0)	7 (0)	1 (0)	―
	FC東京U-23	J3	10 (0)			
2018	FC東京	J1	23 (0)	3 (0)	2 (0)	―
	FC東京U-23	J3	3 (0)	―		
2019	名古屋	J1	28 (0)	2 (0)	―	
2020	名古屋	J1	27 (1)	2 (0)		
2021	名古屋	J1	28 (0)	2 (0)	3 (0)	6 (0)
2022	湘南	J1	27 (0)	6 (0)	1 (0)	
2023	名古屋	J1	26 (0)	5 (0)	1 (0)	
通算		J1	350 (6)	54 (3)	24 (0)	18 (0)
		J2	1 (0)	―	―	―
		J3	13 (0)	―	―	―

※2008シーズンはJFA・Jリーグ特別指定選手

Ryuji IZUMI

7

MF
和泉 竜司

名 古屋のバンディエラが背負うべき栄光の背番号7を受け継いで2年目。チーム内での影響力と存在感はこれまでの比ではないほど大きくなっている。4年ぶりにチーム復帰を果たした昨季は複数ポジションで起用されながら、その要求に応えたうえで自身の持ち味を十二分に発揮。巧みなボール保持、滑らかさと力強さを併せ持ったドリブル突破、虚を突く相手の背後への飛び出しで攻撃をリードし、印象的なゴールも奪った。名古屋に誰よりも愛着を抱く男が狙うのはタイトルのみ。気心の知れた、互いを高め合う存在の"93年組"が増えたことも追い風で、2010年以来となるリーグ優勝へのお膳立ては整った。座右の銘とする「常勝」の体現者として、今季もピッチに君臨する。

PROFILE [プロフィール]

ニックネーム	りゅうじ
生年月日	1993年11月6日
出身地	三重県
身長・体重	173cm・71kg
血液型	A型
利き足	右足

CAREER [経歴]

FC四日市➡市立船橋高➡明治大➡名古屋グランパス➡鹿島アントラーズ

QUESTION 8 [質問]

①9歳 ②なんでもできる ③—— ④—— ⑤最高！ ⑥サウナ ⑦—— ⑧体調管理

DATA [出場データ]

シーズン	所属クラブ	カテゴリー	出場(得点)			
			リーグ	リーグ杯	天皇杯	ACL
2015	名古屋	J1	——	——	——	——
2016	名古屋	J1	14 (1)	2 (0)	1 (0)	——
2017	名古屋	J2	39 (1)	——	2 (0)	——
2018	名古屋	J1	32 (1)	3 (0)	2 (0)	——
2019	名古屋	J1	31 (6)	6 (0)	——	——
2020	鹿島	J1	27 (3)	——	——	——
2021	鹿島	J1	23 (1)	3 (1)	3 (0)	——
2022	鹿島	J1	30 (1)	7 (0)	3 (1)	——
2023	名古屋	J1	28 (3)	7 (1)	4 (1)	——
通算		J1	185 (17)	30 (2)	13 (2)	——
		J2	39 (1)		2 (0)	——

※2015シーズンはJFA・Jリーグ特別指定選手

8

NEW

MF
椎橋 慧也

新たな競争を求めて新天地に名古屋を選んだJリーグ屈指のリンクマン。仙台と柏で順調にキャリアを積み重ね、昨年は天皇杯準優勝とプロ初のタイトルまであと一歩に迫る充実の時を過ごしていたが、高卒9年目の26歳は慣れ親しんだ環境での安定よりも、厳しい競争に身を置くことを決意した。高い運動能力をベースとする連続性に優れたプレーとコンタクトの激しさ、周囲の動きを促す配球力など、名古屋のボランチに求められる能力を完備し、なにより勝利に貪欲。ここ数年で取り入れたパーソナルトレーニングの成果は着実に出ているが、すべては「試合に勝つためにやっていること」であり、良化している数値に興味はない。自己満足ではなく、"サッカーで勝ち取るため"に戦い続ける。

PROFILE [プロフィール]

ニックネーム	しい
生年月日	1997年6月20日
出身地	千葉県
身長・体重	178cm・75kg
血液型	O型
利き足	右足

CAREER [経歴]

咲が丘SC➡八木が谷中➡市立船橋高➡ベガルタ仙台➡柏レイソル

QUESTION 8 [質問]

①4歳　②縦パス　③なし　④タイトルを獲る
⑤一体感があって熱い!!　⑥ドライブ　⑦リフレッシュ
⑧男を磨く

DATA [出場データ]

シーズン	所属クラブ	カテゴリー	出場(得点)			
			リーグ	リーグ杯	天皇杯	ACL
2016	仙台	J1				——
2017	仙台	J1	9(1)	6(1)	1(0)	——
2018	仙台	J1	17(0)	4(0)	3(0)	——
2019	仙台	J1	12(0)	2(0)	2(0)	——
2020	仙台	J1	33(1)	0(0)	——	——
2021	柏	J1	30(2)	5(0)	1(0)	——
2022	柏	J1	31(1)	3(0)	3(1)	——
2023	柏	J1	32(0)	4(0)	4(1)	——
通算		J1	164(5)	24(1)	14(2)	——

椎橋 慧也

想いを乗せて

タイミング良く体を寄せて相手ボールを球際で奪い取り、
素早くターンして前線へ"メッセージ付き"のパスを送る。
激戦区の中盤に国内屈指のリンクマンが加わった。
プロ9年目の26歳。新天地にグランパスを選んだのは、
自身のキャリアに欠けたタイトルへの強い想いからだった。

写真＝本美安浩　Photo by Yasuhiro HONMI

周囲との連係を深めることで
自身のプレースタイルを生かす

グランパスの練習に参加して、どのような印象を持ちましたか？

椎橋　個々の能力が高いのはもちろんですが、特に年齢が上の選手は多くの選手と積極的にコミュニケーションを取っているなと感じました。僕自身のプレースタイルも周囲との連係が重要になってくるので、いろいろな選手と会話する機会を増やし、意思の疎通を図っていきたいと思います。

個性的なタレントがそろうアタッカー陣を生かすために意識していることは？

椎橋　パスの出し手として、ボールの置きどころは常に意識しています。感覚の世界ですが、「目が合った瞬間、ここにボールを出す」みたいなところまで連係を深められれば、一本のパスで決定機を作れると思うので、そのあたりの精度を高めていきたいですね。選手によってボールを受けるポイントやタイミングが異なるので、選手それぞれの特長を生かせるように関係性を深めていきたいと思います。

ボランチとしてここ4シーズンはフル稼働してきました。理想のボランチ像は？

椎橋　簡単に言えば、勝負を決められる選手です。ミドルシュートをはじめ、点を取れるボランチがいるチームは強いですし、実際に優勝を争うようなチームには必ずと言っていいほど、しっかりと守備をこなしたうえでゴールを奪えるボランチがいます。「ボックス・トゥ・ボックス」と表現しますが、自陣のペナルティーエリアから敵陣のペナルティーエリアまで走り切って、守るだけでなくゴールも決められるような、"中盤を支配するボランチ"が僕の理想です。

今年は得点への意欲も表明されています。

椎橋　もちろん意識していますが、まずは自分の役割である守備をしっかりとやったうえで、ゴールを狙っていきたいと考えています。

同じポジションには高い得点力を誇る稲垣祥選手がいます。一緒にプレーしてみて、どのように感じましたか？

椎橋　やはり点を取る嗅覚がものすごいなと感じました。ゴール前に飛び込んでいく走力、判断力はJ1屈指だと思います。米本拓司選手、内田宅哉選手といったレベルの高い選手たちもいますので、いい競争をしていきたいと思います。

守備面では球際でクレバーにボールを奪い取るところも椎橋選手の魅力です。

椎橋　外国籍選手をはじめフィジカルが強い相手の場合、真正面からぶつかっても勝ち目はないので、トラップした瞬間を狙ったり、背後を突いたり、次の展開を予測しながらプレーすることを心掛けています。

もっとレベルアップさせていきたい部分は？

椎橋　守備面での強度はもちろん、ボールを奪い切る回数をもっと増やしたいです。走力の面ではスプリントの回数を増やしていきたいと思っています。

武器である前線へのパスについて、こだわっていることは？

椎橋　若い頃からコーチに言われてきたことですが、"パスにメッセージを込めること"です。パススピードが速ければいいというわけではなく、その時の状況に応じ、受け手の動きを理解したうえでパスを送る。そこにはずっとこだわってきました。

グランパスが志向するサッカーについてはどのように感じていますか？

椎橋　状況にもよりますが、一本の縦パスで決定機を作り出せるので、僕のプレースタイルに合っていると思います。だからこそ試合に出て、グランパスのサッカーでタイトルを獲りたいです。

天皇杯決勝で二度敗れた悔しさを
新天地でのタイトル獲得で晴らす

ベガルタ仙台、柏レイソル時代に天皇杯決勝に進みながら、いずれも準優勝に終わっています。タイトルが懸かる試合で勝ち切るために必要なことはなんだと感じていますか？

椎橋　昨年の天皇杯決勝後のミックスゾーンでも記者の方に聞かれたんですが、優勝した経験がないので、正直わからないんです。ベタな言い方かもしれませんが、最後は「本当に勝ちたい」という強い気持ちじゃないかなと思っています。

PK戦で決着した昨年の決勝は紙一重の差だったと思いますが、それゆえに「頂点に立ちたい」という気持ちがより強くなったのでは？

椎橋　キャリアの中でタイトルを経験するプロサッカー選手はほんの一握りしかいないと思います。タイトル獲得に貢献できれば自分にとって大きな自信になると思うので、次こそはタイトルを

獲りたいです。

グランパスでの背番号は「8」に決まりました。

椎橋　これまでのサッカー人生で着けたことのなかった8番を選ばせていただきました。グランパスの歴史を見ても錚々たる選手が背負ってきた重要な番号ですが、プレッシャーを力に変えて、自分なりの8番を作り上げたいと思います。

クラブは「Never Give Up for the Win」を「グランパス ファミリー ステートメント」の一つとして掲げています。この言葉を聞いてどのような印象を受けましたか？

椎橋　勝負の世界において「Never Give Up」は基本中の基本だと思います。あきらめた瞬間、終わってしまうものですから。

個人的な座右の銘、あるいは大事にしている言葉はありますか？

椎橋　そういうものは全くないんですよね。強いて言うなら「明日やろうは馬鹿野郎」かな。できることを先送りにせず今日やる、今やるってことなんですが、そういう気持ちを大事にしてプロ生活をずっと過ごしてきました。

今シーズンのチームとしての目標についてはどのように考えてますか？

椎橋　もちろん優勝です。僕自身、タイトルを獲るためにグランパスに来ましたから。それが簡単な道のりではないことはわかっています。それでも、「グランパスの力になり、絶対に優勝する」と覚悟を決めて来ました。

個人としての目標を教えてください。

椎橋　全試合に出場する、そしてリーグ戦で5ゴール以上決める。これが個人の目標です。

最後にグランパスファミリーへ向けてメッセージをお願いします。

椎橋　開幕戦は豊田スタジアム開催なので、勝っていいスタートを切りたいと思います。優勝を目指して頑張りますので、一緒に闘ってください。

9

FW
酒井 宣福

常にチームのことを考え、仲間のためのプレー選択を心掛ける"献身"のストライカー。屈強な肉体を生かしたポストプレーだけでなく、巧みなポジショニングと動き出しで味方の好プレーを引き出す。「それを決めるか!」という豪快なフィニッシュワークが鳥栖時代からの代名詞。呼応する選手が増えれば増えるほど力を発揮するタイプで、昨季のルヴァンカップでは味方との好連係からゴールを重ねて大会得点王に輝いた。昨季後半に負ったけがもすっかり癒え、2024年はキャンプからフル稼働。沖縄キャンプで練習後に黙々と、誰よりも走り込むその姿に、たぎる闘志と今季への覚悟を見た。ライバル急増の今季はより貪欲にゴールへのアプローチを増やし、自らの力を示したいところだ。

PROFILE [プロフィール]

ニックネーム	のり
生年月日	1992年11月9日
出身地	新潟県
身長・体重	180cm・80kg
血液型	A型
利き足	左足

CAREER [経歴]

三条サッカースポーツ少年団➡レザーFCJrユース➡帝京長岡高➡アルビレックス新潟➡アビスパ福岡➡アルビレックス新潟➡アビスパ福岡➡アルビレックス新潟➡ファジアーノ岡山➡アルビレックス新潟➡大宮アルディージャ➡サガン鳥栖

QUESTION 8 [質問]

①9歳 ②フィジカル、ダイナミックなプレー ③ジャンプ ④後悔しないで終わる ⑤熱いサポーター ⑥ご飯を作る ⑦ゆっくりする ⑧——

DATA [出場データ]

シーズン	所属クラブ	カテゴリー	出場（得点）			
			リーグ	リーグ杯	天皇杯	ACL
2011	新潟	J1	3 (0)			——
2012	新潟	J1	2 (0)	1 (0)	1 (0)	——
2013	新潟	J1	7 (0)	3 (0)	1 (0)	——
2014	福岡	J2	37 (7)	——	1 (0)	——
2015	福岡	J2	39 (7)	——	3 (3)	——
2016	新潟	J1	9 (0)	3 (0)	——	——
	岡山	J2	6 (0)	——	2 (0)	——
2017	新潟	J1	11 (1)	2 (0)	1 (0)	——
2018	大宮	J2	36 (3)	——	0 (0)	——
2019	大宮	J2	22 (2)	——	2 (0)	——
2020	大宮	J2	5 (0)	——	——	——
2021	鳥栖	J1	29 (8)	2 (0)	3 (0)	——
2022	名古屋	J1	17 (2)	5 (1)	2 (0)	——
2023	名古屋	J1	20 (0)	4 (4)	4 (0)	——
通算		**J1**	**98 (11)**	**20 (5)**	**11 (0)**	——
		J2	**145 (19)**	——	**8 (3)**	——

PATRIC

10 NEW

FW
パトリック

Jリーグで12年目を迎えるストライカー。2018年の20得点を筆頭にJ1で4度の二桁得点を記録し、J1通算100得点と300試合出場達成が間近に迫る。ランニングプレーでは以前ほどの推進力がなくなったが、巧みなポストプレーと空中戦の強さ、ヘディングのうまさは健在。先発でも途中出場でも能力を発揮できる有用性も備え、昨季までのチームに不足していた"ゴール前でのパワー"を補完する頼もしい存在となりそうだ。名古屋の背番号10と言えば、ストイコビッチ、ウェズレイ、マテウス カストロら外国籍選手のイメージがあるが、その偉大な系譜に名を連ねることができるか。今季で37歳を迎える大ベテランだが、「名古屋の歴史に名を刻みたい」とモチベーションは高い。

PROFILE [プロフィール]

ニックネーム	パト
生年月日	1987年10月26日
出身地	ブラジル
身長・体重	187cm・85kg
血液型	O型
利き足	右足

CAREER [経歴]

パイサンドゥSC（ブラジル）➡CAヴィラ・リカ（ブラジル）➡サンタ・クルズFC（ブラジル）➡サルグエイロAC（ブラジル）➡ADRCイカザ（ブラジル）➡デモクラタFC（ブラジル）➡ヴェラ・クルズFC（ブラジル）➡SERサンジョゼ（ブラジル）➡アメリカーノFC（ブラジル）➡ミストEC（ブラジル）➡ヴァスコ・ダ・ガマ（ブラジル）➡ヴィラ・ノヴァFC（ブラジル）➡アトレチコ・ゴイアニエンセ（ブラジル）➡川崎フロンターレ➡ヴァンフォーレ甲府➡フォルトレーザ（ブラジル）➡ガンバ大阪➡サルグエイロAC（ブラジル）➡サンフレッチェ広島➡ガンバ大阪➡京都サンガF.C.

QUESTION 8 [質問]

①4歳　②力強さ　③祈る　④Jリーグの得点王　⑤試合中ずっと応援してくれる熱いサポーター　⑥釣り　⑦練習　⑧日本語を覚える

DATA [出場データ]

シーズン	所属クラブ	カテゴリー	出場(得点) リーグ	リーグ杯	天皇杯	ACL
2013	川崎F	J1	8 (2)	5 (1)	——	——
	甲府	J1	16 (5)	——	4 (1)	——
2014	G大阪	J1	19 (9)	5 (3)	3 (3)	——
2015	G大阪	J1	32 (12)	3 (0)	4 (2)	11 (4)
2016	G大阪	J1	20 (2)	2 (0)	——	5 (1)
	G大阪U-23	J3	2 (1)	——	——	——
2017	G大阪	J1	1 (0)	——	——	——
	G大阪U-23	J3	1 (0)	——	——	——
	広島	J1	15 (4)	——	——	——
2018	広島	J1	33 (20)	1 (0)	3 (4)	——
2019	広島	J1	13 (3)	——	1 (2)	6 (2)
	G大阪	J1	12 (2)	4 (1)	——	——
2020	G大阪	J1	33 (9)	1 (1)	2 (1)	——
2021	G大阪	J1	33 (13)	2 (0)	3 (3)	6 (6)
2022	G大阪	J1	28 (5)	3 (2)	3 (3)	——
2023	京都	J1	32 (10)	2 (0)	1 (1)	——
通算		J1	295 (96)	28 (8)	24 (20)	28 (13)
		J3	3 (1)			

11

NEW

FW

山岸 祐也

群 馬でのプロデビュー以降、岐阜、山形とJ2でキャリアを積み重ね、福岡でついに花開いた苦労人。J1で2年連続10得点の活躍を見せ、30歳にして自身4度目の移籍を決意した。長身ながらボールタッチが柔らかく、シュートのバリエーションや精度も申し分ない。万能型のプレースタイルは「仲間を生かし、自分も生きる」という思いから確立されたもので、とがった特長を持つ選手が多い今季の名古屋において、チームメイトの力を引き出す"触媒"としての役割も期待される。和泉竜司、杉本大地、山中亮輔ら同年代との切磋琢磨は、チーム内競争という相乗効果をもたらし、タイトル争いにも好影響を及ぼすだろう。背番号11は早くも不可欠な選手の一人になりつつある。

PROFILE ［プロフィール］

ニックネーム	ゆうや
生年月日	1993年8月29日
出身地	千葉県
身長・体重	183cm・80kg
血液型	O型
利き足	右足

CAREER ［経歴］

尚志高➡流通経済大➡ザスパクサツ群馬➡FC岐阜➡モンテディオ山形➡アビスパ福岡

QUESTION 8 ［質問］

①立った時！ ②全部できること ③特になし ④日の丸 ⑤すさまじい ⑥レオ (愛犬) と過ごすこと ⑦レオといる ⑧大人の色気を出す

DATA ［出場データ］

シーズン	所属クラブ	カテゴリー	出場(得点)			
			リーグ	リーグ杯	天皇杯	ACL
2016	群馬	J2	33 (5)	—	1 (0)	—
2017	群馬	J2	36 (3)	—	2 (1)	—
2018	岐阜	J2	31 (4)	—	1 (1)	—
2019	岐阜	J2	22 (4)	—	—	—
	山形	J2	14 (4)	—	—	—
2020	山形	J2	23 (6)	—	—	—
	福岡	J2	17 (3)	—	—	—
2021	福岡	J1	29 (5)	3 (0)	1 (3)	—
2022	福岡	J1	34 (10)	5 (2)	—	—
2023	福岡	J1	34 (10)	8 (2)	5 (3)	—
通算		J1	97 (25)	16 (4)	6 (6)	—
		J2	176 (29)	—	4 (2)	—

山岸 祐也
情熱と野心のストライカー

爽やかな笑顔はまぶしいが、一つひとつ階段を上ってきた苦労人だ。
所属したすべてのクラブで結果を残してステップアップすると、
昨季はタイトル獲得と2年連続二桁得点を達成し、その実力を証明した。
しかし、彼のキャリアにおけるピークは30歳を迎えた今ではない。
燃えたぎる情熱と野心が、山岸祐也を新境地へと誘う。

写真＝鈴木元徳　Photo by Motonori SUZUKI

健太さんの下で自分がどう生きるのか
チャレンジしてみたいと思った

新天地でのキャンプはいかがですか？

山岸　気候が良くていいですね。練習の強度も含めて、充実したキャンプを送っています。

名古屋への引っ越しは永井謙佑選手や重廣卓也選手が手伝ってくれたそうですね。

山岸　はい。どこに住んだらいいのかわからなかったので、2人に不動産屋さんを紹介してもらいました。福岡で使っていた家具は、両親に欲しいと言われたのですべてあげて、新しいものを買いそろえたんです。家具の組み立ては結構大変だと思ったので、シゲを呼び寄せて手伝ってもらいました（笑）。

オフはどう過ごしましたか？

山岸　ジョギングは欠かさずにやっていました。プロとしてこれまで8年間過ごしてきたなかで、最初の2年間はボールも触らず、ランニングも一切しないオフを過ごしたら、キャンプで全く動けなかったり、けがをしてしまうこともありました。3年目に（FC）岐阜で大木（武）さん（現ロアッソ熊本監督）に出会い、有酸素運動の大切さを学んで以降、毎日20分以上ジョギングすることを日課として定めました。このオフもボールはほとんど触っていませんが、ジョギングは毎日していましたね。あとはしっかりと休み、頭をリフレッシュさせました。

ジョギングを日課として取り入れてから、負傷する機会は少なくなったのでしょうか？

山岸　はい。それまでは筋力トレーニングをメインとしていたんですが、有酸素運動が自分に適していると感じて取り入れる機会を増やして以降、身体の調子が良くなりました。

そういった面も含め、岐阜で大木監督と出会ったことは大きかったのですね。

山岸　そうですね。岐阜から話をもらったタイミングで、実はほかのチームからもオファーがあったのですが、「大木さんの下でサッカーがしたい」と思い、岐阜への移籍を決断したんです。僕の中で、大木さんは最も影響を受けた指導者の一人ですね。特に印象に残っているのが「知識、意識、無意識」という言葉。「まずは知識を得て、自分の中で意識し、それを無意識にできるようになったら一流だ」という意味合いです。例えば、いろいろな選手のプレーを見て、「これはいいな」と思ったプレーがあったとしたら、次にそれを自分の中で意識して実践する。意識的な行動を繰り返していくうちに、無意識にできるようになっていくんですよ。その賜物の一つが、切り替えの速さですね。

長谷川健太監督は大木監督と同じ静岡県の清水東高校出身ですが、プレシーズンキャンプの様子は似ていますか？

山岸　ランニングだけのメニューがない点は似ていますね。ただ、大木さんのキャンプは午前と午後の二部練習でボールを蹴る時間がすごく長く、相当にハードでしたけど、健太さんは「やる時はやる」というか、強度の高い練習をギュッと詰めるイメージ。戦術的にも緻密な部分が多く、すごく新鮮でいい刺激を受けています。

長谷川監督の印象は？

山岸　怖い監督なのかなって思っていました（笑）。でも実際に会ってみると、選手としっかり向き合い、コミュニケーションを大事にする監督という印象を抱きました。あとは「オーラがあるな」とも感じています。

移籍にあたり、監督の存在も考慮しましたか？

山岸　はい。シゲさん（長谷部茂利／アビスパ福岡監督）が自分の中ですごく大きな存在であることは間違いありませんが、健太さんも多くのタイトルを獲っているし、これまでの実績もすごい。今回の移籍は直感で決めた面もありますけど、そういう監督の下でどういったことを学べて、どのように自分が生きるのか、チャレンジしてみたいという気持ちもあったんです。監督をはじめ、環境が変わることに対してマイナスイメージを持っていないこともあり、自分としては「すごく楽しみだな」と思いながら始動日を迎えました。

グランパスの印象は？

山岸　やっぱりビッグクラブ、という印象ですよね。昨シーズンのルヴァンカップで僕らが勝ち上がりを決めた時、グランパスのサポーターがブーイングをしていたじゃないですか。あれはタイトルを逃したことに対するブーイングだったと思うんですけど、"優勝しなければいけないチーム"だからこそ生まれた行動ですよね。その光景を見て、「こういう厳しい環境に身を置いてプレーしてみたいな」という思いが生まれたんです。ちなみに、昨シーズンのアウェイ戦で最もやりにくさを感じたのが豊田スタジアムでのグランパス戦。来場者が多く、声援も圧倒的で、対戦相手にとっては本当に嫌な雰囲気なんですよ（笑）。そういう印象を抱いていたスタジアムを、今シーズンからホーム

にできることをとても楽しみにしています。

グランパスファミリーの存在も移籍を決めた理由の一つなんですね。

山岸　もちろんです。クラブの環境や規模も含め、本当にいろいろなことを考えました。福岡もすごくいいチームでしたから長い間悩みましたけど、最後はビビッときたというか、直感的に「グランパスでプレーしたい」と思ったので、次の日には仲介人に「グランパスへ行きます」と連絡しました。

早いタイミングでグランパスからオファーを受けていたそうですね。

山岸　ルヴァンカップでグランパスと対戦した直後でした。リーグ戦はもちろん、ルヴァンカップの決勝も残っている状況だったので、グランパスには「すぐに決断できない」と伝えさせてもらいました。そういったこともあり、移籍を決めるまでに要した時間はすごく長かったと思います。

そのルヴァンカップでは自身初のタイトルを手にしました。

山岸　うれし泣きこそしませんでしたけど、ピッチから見たスタンドの景色は本当に最高でした。メダルをかけてもらった瞬間やゴール裏のサポーターと喜び合った時に「タイトル獲得ってこんなにうれしいものなんだ」と感じましたね。同時に「またすぐに獲りたい。もっと獲りたい」という欲

が一気に湧いてきたんです。たぶん僕は、とんでもなく欲深い人間なんだと思います（笑）。

グランパスでも最高の景色を見たいですね。

山岸　そうですね。リーグ戦でも優勝したいし、カップ戦も制したい。グランパスであの景色を見ることが今の目標になっています。

小さな日々の積み重ねが 今の自分につながっている

改めて山岸選手のプレースタイル、特長を教えてください。

山岸　頭を使ってプレーすることを心掛けています。自分で言うのもおかしいですけど、いろいろな観点から考え、分析するようにしています。自分を知ったうえで、どうしたら点を取れるのか、どうしたらシュートを打てる場所に入っていけるのかというふうに、思ったことをサッカーノートに書きながら考えています。

いつ頃からサッカーノートを書き始めたのですか？

山岸　それがなんと、2021年の開幕戦でグランパスと対戦したあとからなんですよね。僕にとってのJ1デビュー戦となったあの試合で、グランパスに大きな力の差を見せつけられました。「これがJ1のレベルなのか」と思い知らされる内容で試合に負け、すごく悔しかった反面、なぜかうれし

い気持ちもあったんです。「この舞台に立ち続けることができれば、もっと成長できるぞ」って。それ以来ですね、サッカーノートを書くようになったのは。

どんなことを書いているのですか？

山岸　試合中に感じたことをすべて書いています。例えば、ポジショニングであったり、シュートを打つタイミングであったり。もちろん、改善点ばかりではなく、ノートに書くことで「このポジションにいたからこそシュートを打てたんだな」というふうに良かった点に気付くこともあります。相手チームの対策についても、前回の対戦を振り返り、「ここにスペースが空くから、こうやって走ればフリーになれる」と考えることもできる。そういった小さな日々の積み重ねが今の自分につながっていると感じますね。

努力を積み重ねて一歩一歩着実にステップアップしてきたんですね。

山岸　僕がプロになる時、オファーを出してくれたのは（ザスパクサツ）群馬だけでした。岐阜、（モンテディオ）山形でプレーした期間を合わせて5年を過ごし、福岡に移籍した次の年になってようやくJ1の舞台にたどり着きました。泥水をすすってここまで這い上がってきたと思っています。でも、ここがゴールではありません。年齢に関係なく、意識次第で成長スピードは変わってくるものだし、自分自身もっともっと成長できると考えています。同じチームでプレーしたことがある守田英正（スポルティング）や古橋亨梧（セルティック）も、当時はずば抜けた存在ではなかったけど、人とは違った成長曲線で日本代表に選ばれるまでになりました。これまでのように雑草魂、メラメラ感を常に持ち続け、グランパスでは一歩ずつじゃなく、一気に成長したいと思っています。

30歳は最も脂の乗った年齢と捉えることもできますが、まだまだ成長できると。

山岸　体の衰えは全く感じていないし、むしろ良くなっているとすら思います。そのうえで考えるプレーができるようになってきたので、もっと"いい期間"を延ばせるはず。海外のサッカーを見ても、30歳を超えて得点王を獲った選手がたくさんいますよね。年齢を言い訳にせず、もっと成長してやろうと思っています。

新天地でのプレーにも不安はありませんか？

山岸　そうですね。新加入選手がすごく多いなか、なじみやすい雰囲気を作ってくれたベテラン選手たちに感謝したいと思います。キャンプを重ねることでどんどん良くなっていることを実感しているので、これからがすごく楽しみです。

キャスパー ユンカー選手とのコンビネーションにも期待が懸かります。

山岸　キャスパーのプレーは、始動日を迎える前から何度も「YouTube」でチェックしていました。あとは実際に合わせていくだけですね。

グランパスファミリーと共に
タイトルを獲って最高の景色を見たい

グランパスのエンブレムが新しくなったことはご存知でしたか？

山岸　さすがにそれは知っていましたよ（笑）。すごくかっこいいと思います。これまで着たことのない赤のユニフォームを着るのも楽しみです。

「グランパス ファミリー ステートメント」の「Challenge for the Top」という言葉についてどのように捉えていますか？

山岸　僕たちはタイトルを獲るために毎日厳しい練習をしています。僕自身も昨シーズンに初めてタイトル獲得を経験し、「もっと獲りたい」という気持ちが強くなりました。積極的にチャレンジをしながら勝ち癖を付けていきたいと思います。"勝つチーム"ってオーラがあるものなんですよ。どんなに苦しい状況でも勝ちに持っていけそうな雰囲気がある。そういうチームになるうえで日々の積み重ねは欠かせない要素になるので、健太さんが言うように"とにかく毎日の練習で全力を尽くすこと"が大事です。自分たちに期待をしながら、頑張っていきたいと思います。

個人的な目標は？

山岸　個人としては3年連続二桁得点を狙っているので、最低でも10ゴールは取りたいですね。僕は自分一人でなんとかできるストライカーでは

ないので、チームメイトといい関係を築ければと思っています。

どういったプレーに注目してほしいですか？

山岸　攻守両面ですべてをこなすのが僕のスタイルです。攻撃ではシュートをはじめ、トラップやヘディング、ボールキープも見てほしいし、守備ではファーストディフェンダーとしての動きだけでなくプレスバックも見てほしい。球際のバトルも含め、全部見てください（笑）。

ゴール後のパフォーマンスも楽しみです。

山岸　"山ピース"ですね。あのパフォーマンスを作ってくれたお笑い芸人さんに、「"山ピース"をやり始めてから2年連続で二桁得点を達成することができました」と伝えたら、快く「移籍先でもぜひ使ってくれ」と言ってくれました。"山ピース"には手話で「I love you」という意味もあるんですよ。もし僕がファミリーに向けて「I love you」を伝え、それを返してくれたら想いが通じ合ったことになる。それってすごくいいですよね。ゴールを決めたらやりますので、皆さんもぜひ！

グランパスファミリーの印象は？

山岸　とにかくすばらしい雰囲気を作ってくれるので、後押しを受けるのが楽しみです。練習やキャンプでも、皆さんに歓迎されていることが感じられてうれしい気持ちになりました。

やはり応援してくれる存在は大きいですか？

山岸　もちろん。福島で過ごした高校時代は東日

本大震災の影響でサッカーができない期間があり、コロナ禍でも一時はサッカーから離れ、ようやくリーグ戦が再開したと思ったら無観客、という状況も経験しました。そういった経験から、当たり前にサッカーができること、応援してくれる方々の存在があることに感謝しなければいけないなと思っています。

ファンを大切にする気持ちは、同じ店に居合わせたサポーターの会計をお支払いしたエピソードからも伝わってきます。

山岸　「山岸がいたら奢ってくれる」というイメージが広がり、大勢の皆さんが集まってしまったら困るのであまり言わないでください（笑）。

タイトルを獲得した暁には、どこのお店に行かれるか教えてくださいね。

山岸　怖すぎるので、10人ぐらいしか入れない小さなお店に行こうと思います（笑）。でも、皆さんと一緒に喜びたいという気持ちに嘘はないので、タイトルを目指して共に闘っていただけるとうれしいです。

最後にメッセージをお願いします。

山岸　いい時も悪い時も、一丸となって闘うことが大切だと思っています。エンブレムが変わり、多くのメンバーが加わった今シーズン、新しいグランパスを見せたいと思っているので、ぜひ僕たちに期待してください。タイトルを獲り、一緒に最高の景色を見ましょう！

Tsukasa

MORISHIMA

14

MF
森島 司

指 揮官が直々に今季のキーマンとして名前を挙げた2024年の名古屋の主役候補。三重県の四日市中央工業高から広島に加入して7年半を過ごしたが、昨夏に恩義あるクラブを離れ、アカデミー時代に所属経験がある名古屋への移籍を決意した。古巣復帰の喜びは大きかった一方、自身初の移籍ということもあり、環境への適応、チーム戦術への順応が遅れ、加入1年目は公式戦16試合でノーゴールと失意のうちに終了。今季に期する思いは人一倍強く、キャンプ時点でピッチ上での存在感は誰よりも大きい。攻撃的なプレーに関しては穴がなく、パス、シュート、ドリブルのすべてがハイレベル。ボレーやヘディングなどFW的なフィニッシュの質も高く、チームの得点源として期待は大きい。

PROFILE [プロフィール]
ニックネーム モリシ
生年月日 1997年4月25日
出身地 三重県
身長・体重 175cm・67kg
血液型 A型
利き足 右足

CAREER [経歴]
愛宕サッカー少年団➡名古屋グランパスU-15➡ヴィアティン北勢FC➡四日市中央工業高➡サンフレッチェ広島

QUESTION 8 [質問]
①4歳 ②肉弾戦 ③なし ④長いことする! ⑤熱い ⑥旅行 ⑦プチ旅行、ゴルフ ⑧犬を飼いたい!

DATA [出場データ]

シーズン	所属クラブ	カテゴリー	出場(得点) リーグ	リーグ杯	天皇杯	ACL
2015	広島	J1				—
2016	広島	J1	0(0)	0(0)	0(0)	—
2017	広島	J1	14(0)	6(0)	2(0)	—
2018	広島	J1	1(0)	6(0)	0(0)	—
2019	広島	J1	24(3)	0(0)	1(0)	7(1)
2020	広島	J1	34(5)	2(0)		—
2021	広島	J1	29(1)	5(0)	1(0)	—
2022	広島	J1	31(8)	11(2)	5(1)	—
2023	広島	J1	20(2)	4(0)	2(1)	—
	名古屋	J1	12(0)	4(0)		—
通算		J1	165(19)	38(2)	11(2)	7(1)

※2015シーズンはJFA・Jリーグ特別指定選手

15

MF
稲垣 祥

Sho INAGAKI

在籍5年目を迎え、気付けばフィールドプレーヤーでは古株の一人となった。キャプテンを務めた一昨年から、名古屋への愛着は強まる一方。クラブの顔としての自覚や覚悟、自ら責任を背負う姿で周囲からリスペクトを集め、チームにおいてその重要性は増すばかりだ。インテンシティの高いプレーを連続して行えるタフな身体能力とボール奪取力の高さに加え、ミドルシュートやセカンドチャンスを仕留める得点力も魅力。長谷川健太監督就任以降は総合力の高いMFとしてプレーの幅を広げ、今なお自身に新たなテーマを課しては貪欲に成長を続けている。新加入選手が多い今季も「その変化を恐れず、力にしていきたい」とポジティブに捉え、2021年以来のタイトル獲得へ邁進する。

PROFILE [プロフィール]

ニックネーム	しょう、ガッキー
生年月日	1991年12月25日
出身地	東京都
身長・体重	176cm・72kg
血液型	A型
利き足	右足

CAREER [経歴]

大泉西ハリケーン➡サウスユーベFC➡FC東京U-15むさし➡帝京高➡日本体育大➡ヴァンフォーレ甲府➡サンフレッチェ広島

QUESTION 8 [質問]

①4歳 ②ボール奪取、カバーエリアの広さ、ミドルシュート ③いつもどおり ④毎年充実感を持ってプレーすること ⑤熱!! ⑥コーヒー、温泉、旅行 ⑦旅行へ行くか、ご飯を食べに行ってカフェ ⑧娘とたくさんの時間を過ごす

DATA [出場データ]

シーズン	所属クラブ	カテゴリー	出場（得点）			
			リーグ	リーグ杯	天皇杯	ACL
2014	甲府	J1	19 (0)	5 (0)	3 (1)	——
2015	甲府	J1	29 (1)	5 (0)	2 (0)	——
2016	甲府	J1	33 (5)	6 (0)	——	——
2017	広島	J1	14 (2)	6 (0)	3 (0)	——
2018	広島	J1	33 (3)	3 (0)	3 (0)	——
2019	広島	J1	24 (4)	2 (0)	1 (0)	5 (0)
2020	名古屋	J1	34 (3)	4 (0)	——	——
2021	名古屋	J1	38 (8)	5 (4)	4 (0)	8 (0)
2022	名古屋	J1	34 (2)	10 (2)	1 (0)	——
2023	名古屋	J1	33 (3)	8 (0)	4 (0)	——
通算		J1	291 (31)	54 (6)	21 (1)	13 (0)

森島 司 ✕ 稲垣 祥

より勇ましく、燃えたぎれ

広島で一時代を築いた盟友が再会したのは昨夏のこと。
個人あるいはチームとして悩み、苦しみもがいた半年間を経て、
反転攻勢を目論む彼らの新シーズンに懸ける想いは強い。
装いを新たに臨む変革の年。名将の下で変化を受け入れ、
深化を止めない2人が、左胸に新たな星を刻む。

写真＝本美安浩　Photo by Yasuhiro HONMI

ゴローくんの言葉で吹っ切れて
そこから楽しくなっていった

こうして同じチームで始動を迎えるのは久々のことですね。今年の入り方、チームに抱く印象はいかがですか？

稲垣　こういうのは全部モリシからにしないと、僕の言葉をパクるので。ということで森島選手、いかがでしょうか（笑）。

森島　はい（笑）。グランパスのキャンプは素走りがあまりなくて、最初から戦術面のことに時間を割けているのは、すごくいいことです。昨年はフィットし切れなかったですが、最後のほうは楽しくやれましたし、今年のキャンプも充実しているので楽しさを感じています。

稲垣　（長谷川）健太さんは1年目から2年目に掛けてバージョンアップさせていたし、今も3年目に向けてさらに違ったものにトライしています。選手としても引き出しが増え、リニューアルされている、ブラッシュアップされていると感じながらやれています。今年は新しい選手が多く入ってくれて、「この選手はこういう特長があるんだ」、「ここがすごくいいな」とか、そういうことを見るのも新鮮で楽しいですね。

森島選手の「昨年の最後のほうは楽しくやれた」というのは、チームに慣れて自分のプレーを出せるようになった感覚があったからでしょうか？

森島　それもありますね。試合に出られない時期はメンタル的にキツかったけど、ゴローくん（稲垣）が「そんな経験できる機会は多くないよ。むしろ光栄なことだよ」と言ってくれて。そのあたりから吹っ切れました。試合でも練習でも、とどまることなく動き続けてボールを受けるようにして、自分の良さを出そうと思ってプレーしたら良くなっていきましたね。それが「楽しく」というところにつながったのかなと思います。

稲垣選手は見ていてもどかしさがありましたか？

稲垣　もどかしいというか……。

森島　情けない？

稲垣　情けなかった（笑）。でも、それは時間の問題だと思っていたし、能力や実力的に「どうせ、いずれいいプレーをし始める」と思っていました。あの時はいいフィーリングでやれていなかっただけ。こんなものじゃないですよ。もっといいプレーがたくさん出てくると思います。

今年は森島選手の笑顔をよく見る気がします。

森島　それは本当に恥ずかしい（苦笑）。

稲垣　うまくいっている証拠ですよ（笑）。

森島　みんなに気を遣わせていたのが情けないですね。僕は気持ちが直結するので、プレーが良ければそうなっていくんです。当時は、「なんでこんな感じなんだろう」って、僕が一番理解できていなかったですよ。でも、いい経験になりました。

今シーズンはよりいいプレーを出せるような感覚がありますか？

森島　自分はもともと主体的にやる選手だと思っていて、今は頭の中で理解して、意識してできています。あとはそれを試合で出せるかどうか。チームが新しいことにトライしているので、そこにしっかりと入り込めるようにしていきたいです。

稲垣選手も"戻ってきた"森島選手がいればプレーしやすいと思いますし、チームにとってもプラスアルファになりますね。

稲垣　さっき自分で言っていましたけど、プレーの幅を狭めすぎると窮屈になってくるから、そこのリミットをある程度外すことですよね。モリシの感覚で動いて、受ける位置を調整しながらやっていくことがプレーの良さにもつながるし、チームの循環にもつながっていくので。そこは大切にしてあげる必要があるかなと思います。

今シーズンは森島選手に限らずシステムが流動的です。その部分でもやりがいがあるのでは？

森島　ついて来られない選手は落ちていくやり方なので、考えながらやらないといけません。左右

で形が違うし、選手の良さ、選手の組み合わせによって変わってくるので、それに合わせられる選手がチームを良くしていくのかなと思います。

稲垣　そういったエッセンスは今までもあったけど、それを表現できるかどうかは別で、やっていることをどれだけ試合で表現できるかも試合によって違う。おもしろいですよ。同じことをして現状維持を目指していくのではなくて、変化を加えていく姿勢、チャレンジしていく姿勢でやれているので、選手としても飽きないし、いいマインドで向かっていけると思っています。

ゴールに絡むプレーを増やす
それが相手の脅威になる

昨年のことも振り返っていただきます。森島選手は前半戦のグランパスをどう見ていましたか？

森島　後ろの3枚が堅く、そこからのカウンターが強烈なイメージ。アウェイで対戦した時にはめちゃめちゃパスをつながれて、全体的に支配されて、僕らはセットプレーからしか点を取れなかった。本当に強いチームだと感じました。

稲垣　前半戦は前線の個の良さを引き出せたのが一番だと思う。でも、攻撃だけじゃなくて、いい形で守備に入れて、最後のゴール前の際のところでも粘り強く守れたからこそ、攻撃と守備のいい循環が生まれていた。前半戦はそこが大きかったかなと思うし、逆に後半戦はその循環がちょっとずつ崩れてきて、もちろん相手の対策も関係しているけど、攻守ともに少しずつうまく回せなくなってきたという感じだったかな。

途中加入の森島選手には大きな期待が懸かることになりました。

森島　当たり前のことなんですけど、フォーメーションは（サンフレッチェ）広島と一緒でも、距離感や仲間の特徴が違いますよね。それでも自分は初めての移籍でそこを楽観的に考えていて。「まあ変わらないだろう」と思いながらやっていたけど、全部感覚が違った。だからうまく自分の良さを出せなかったんだと思いますね。

どんなところに移籍の難しさを感じましたか？

森島　夏の移籍だったので、ある程度完成されたチームに入る難しさですかね。広島では「ここで切り返してもう一度作り直すだろう」というところでも、グランパスは仕掛けてクロスを上げきるところまでいくので、そこに自分が入りきれていなかったり。自分が横パスを選択したことで攻撃をスピードダウンさせてしまうこともあって、「あそこはカウンターを仕掛けるべきだったな」と思うことも多くありました。そういう全体的なリズムの違いが難しかったですけど、今はその優先順位を前にするとか、いろいろなものを吸収できているので、移籍して良かったなと思っています。

森島選手は稲垣選手と約3年半ぶりにチームメイトになって、どういった変化を感じましたか？

森島　広島に在籍している期間中もゴローくんは変化し続けていたので、ずっと成長している人なんだと思います。選手の間でも、「ゴローくん、めっちゃ成長しているな」という話をしていましたから。時代が変わり、サッカーの質も変わっているなかで、そこでずっとすばらしいプレーを続けて日本代表にも入って、成長していっている人なんだなって。先輩に対して「成長している」って言ったらいけないかな（笑）。どんどん更新していっている人です。守備のすごさはもちろんですけど、昨年の浦和（レッズ）戦で（久保）藤次郎に出したスルーパスは震えましたね（笑）。

稲垣　あれは俺も震えた（笑）。でも、狙いを持って意図的にやったとかではなく、とっさの判断というか、間接視野で見えたから出したというか、なんかそういう感じ。だから再現性があるかはわからないし、あれは何本も出せないね。

逆に稲垣選手が感じた森島選手の変化は？

稲垣　モリシの変化ですか？　チームの結果が出なくなっちゃったなって……（笑）。

森島　いやいや、僕のプレーについてですよ（笑）。

稲垣　ああ、チームじゃなくてモリシね（笑）。

森島　ガンガンいかなくなったとか？

稲垣　それだ。広島の時のほうがゴールに絡んでいましたね。でも、それも結局は時間の問題で、ここからそういうプレーがもっと出てくると思います。役割とかもありますから。でも、広島で一緒にやっていた時のほうが仕掛けていたね。

森島　落ち着きましたよね。僕は嫌なんですよ、それが。

稲垣　まだまだグイっとゴール前に入っていくようなプレースタイルでやりたいらしいです。

森島　今年はそうなります。

稲垣　相手からしたらそれが怖いよ。結構スピードもあるし。

森島　それがね、この2年ぐらいスピードが出ていないんですよ。年齢を感じます（笑）。

森島選手はいろいろな選択肢を持っているからこそ、仕掛けに怖さがありますね。

森島　そうですね。その時は取られる気がしなかったし、結構スピードでなんとかなっていたので楽しかったです。でも今は、ちょっと「やばい」と思っちゃう時があるので、ダメ。頭がダメです。落ち着いちゃっています。

2人の仲の良さが伝わってきますが「もっとこうしてほしい」と思っていることはありますか？

森島　普段からめっちゃ言っているからなあ（笑）。改めて聞かれるとパッと出てこないですけど、奥さんがいないとなにもできない人です（笑）。忘れ物が多くて、イヤホンは何回も忘れているし。ちょっとそういうところが、ね（笑）。

稲垣　それは自覚がある（笑）。

森島　しかも、こう見えて部屋が汚いんですよ。奥さんのおかげで家はきれいですけど、キャンプ

で泊まったホテルの部屋は2日目にして結構荒れていました。僕がゴローくんにどうしてほしいとかではないんですけど、そういうところがありますよ、という情報です（笑）。

稲垣　モリシにしてほしいこと……なんだろう。

森島　僕、献身的ですよね？

稲垣　たしかに献身性はあるね。

森島　お迎えにだって行くし、そういう労力を惜しまないし、時間を大幅に遅れることはないし。

稲垣　たまに、服装とかでちょっとマウントを取ってくるのがうざい（笑）。

森島　それね（笑）。僕とゴローくんの服の色合いがほぼ同じ日があって、その時は僕は上下ともに量販店の安い服で、ゴローくんは上下ともいいブランドの服を着ていたんですよ。それで、その場にいた5人ぐらいに「今日の僕とゴローくんの服装で、明日着たいのはどちらか」というアンケートを取ってみたんです。その結果、満票で僕が勝ちました。そういうマウントの取り方ですね（笑）。

稲垣　いやらしいんだよ。こういうところが腹立つんだよなあ（笑）。

一番の違いは競争
それでチームが強くなる

本当に仲がいいですね（笑）。もっと聞きたいところですが、まじめな話に戻ります。今シーズン、自分に求められること、求めていきたいことは？

森島　僕はポゼッションに関わりつつ、ボランチの横でプレーすることもあるだろうし、逆にFWの一つ下でプレーすることも流れの中ではあると思います。ボールがうまく回らないならしっかりサポートしながら、今年は左右のサイドからいいボールが上がってくると思うので、クロスに入っていく動きを欠かさないこと。ゴール前で結果を残せる場所、ゴールを奪える場所にしっかりと入っていきたいと思っているので、そういう「ボックス・トゥ・ボックス」のところを意識してやっていきたいと思います。

稲垣　僕はどのシーズンでもそうですけど、この

立場で試合に出ている以上、大前提としてチームの結果に対する責任は自分にあると思っています。そこを第一に自分自身に求めながら、それをやるということは味方にも発信していかないといけないし、チームで戦えるように試合中に声を掛けていかなければいけません。ポジションによって僕のプレーは変わってくるし、求められるものも変わってくるので、その時々の持ち場でチームにプラスアルファを与えていきたいですね。

長谷川健太監督は完成していると思われている選手に対しても、「もっとこういうことができるのではないか」と提案してくれる指導者だと思います。

森島　僕は「しっかりポジションに入りながらゴール前にも入っていけ」と言われていますし、それは自分でも意識しているところです。あとはドリブルで相手を剥がしていくことを考えたいです。ポゼッションを楽にするためにも、中盤での相手の"列"を剥がすドリブルや、ゴール前で強引にでも1枚剥がしていくところを、自分の中で大事にしていきたいと思っています。

稲垣　おっしゃるとおりで、健太さんは僕らに対して「もっとこうできるんじゃないか」、「ここをもっと伸ばしていこう」という提示をしてくれます。この年齢、このキャリアになっても、そうやって成長を促してくれるので恵まれていると感じています。シーズン終了後にもいろいろな映像を用意してくれて、「ここはもっとこうしていこう」と、いくつも共有してくれました。そうやって求めてくれることにすごくやりがいを感じます。

昨年と今年では、どういうところにチームとしての違いが表れてくると思いますか？

稲垣　やっぱり一番は競争かな。競争のレベルは昨年よりワンランク、ツーランク、しかもすべてのポジションで上がっています。その結果、チームが強くなっていくというシナリオを描きやすいかなと思います。高いレベルの競争を今だけではなく、シーズン中もずっと大切にしながらやれたら、チームとして強くなっていくかなと感じています。

森島　同じような感じですね。

稲垣　ほら真似した（笑）。

森島　いやいや（笑）。でも、本当にそのとおりで、各ポジションに3人ぐらいいて、大卒や新人の選手だって高い能力を持っています。誰が出ても変わらないという感覚もありますね。1年間をとおして高いモチベーションでやり続けた選手が試合

に出られると思います。昨年は出られなかった時期がありましたが、今年はその時以上に競争があると思うので、そこで勝ち抜いていきたいです。

みんなが自然と声を発するような
熱いプレーをしなければいけない

違いというところで、新しいエンブレムの印象はいかがですか？

森島　スタイリッシュだと思います。ユニフォームもオレンジっぽいというか、エンブレムに合わせてなのか、明るい印象になった気がします。黒のイメージがなくなって、より赤っぽさが増した感じ。こういう明るさはたしかにグランパスっぽいなと思います。

稲垣　僕はエンブレム変更に関わる会議に出ていたので、すごく勉強になりました。「こんなの決められないよ」と思うこともあったし、候補を見れば見るほど、なにがいいのかわからなくなりました。そのなかでさまざまな角度から要素を引っ張ってきて、少しずつ候補を絞っていって、いろいろな人の意見を参考にしながら全員で決めていく。そうしたプロセスを経て、一つのエンブレムができ上がったんだな、と感心しました。

このエンブレムを作る際に「グランパス ファミリー ステートメント」を定めました。その中にある「Open Mind for the Grampus Family」という言葉についてはいかがですか？

森島　僕が移籍してきた時にみんなが受け入れてくれて、とてもありがたかったです。今年は新加

入の選手が多いので、今度は迎え入れる側として、そういう姿勢を示していこうと思っています。

稲垣　いやいや、モリシは「Close Mind」じゃん（笑）。

森島　「Close Mind」の自覚はありますね。この人見知りに実行できるかな……（笑）。

稲垣　でも、新しいエンブレムを決めることも「Open Mind」でしたよね。多様性とかも含めて、いろいろな角度から決めていったと思います。"ファミリー"という言葉自体にオープンな意味合いがあると思っているので、そういったところでもなにかを限定せずにより幅広く、いろいろな層から、より多くの人から愛されるクラブになっていけたらと思います。

もっとグランパスのことを知ってもらいたい、輪を広げていきたいという気持ちもありますか？

森島　オフ期間中にプレミアリーグの試合を観に行ったんですが、7、8万人の観客が応援ではない部分でもみんなで「ワーッ！」と叫んでいたり、よく言われる「文化が違う」という意味がわかるぐらいの熱さがありました。豊田スタジアムにはそのポテンシャルがあると思うので、自分たちがいいプレーをして、みんなが自然と声を発するような、そういうスタジアムにできれば僕たちのやりがいにもなりますよね。そういう熱いプレーをしないといけないなと感じました。

森島選手がアカデミーにいた頃は、強くて、誰もが知っているようなクラブであることが誇らしかったのでは？

森島　そうですね。みんな強いクラブのアカデミーに入りたいと思うだろうし、強豪と言われるチームのほうが憧れる子どもが多いと思います。短い現役生活の中で、どれだけたくさんの子どもたちに夢を与えることができるか。そこには実力が伴わなければいけないし、毎回いい試合をして観客を巻き込んでいくことがそういったものにつながると思います。

稲垣選手は在籍年数が長くなり、自分の立場を理解した振る舞いをしているのかなと感じています。

稲垣　3つの「グランパス ファミリー ステートメント」の中で、この「Open Mind」が選手的に一番、捉えづらいというか、そのためになにをしていくかを具体的に意識しづらい部分があると思います。だけど、モリシが言ったように、少しでも多くの方々と、幅広い方々と苦楽を共有するとか、僕らやチームに憧れ、誇りを感じてもらうとか、そういった輪を広げていく、ということだと考えています。ですから、選手として協力できることがあれば積極的にしていきたいなと思いますね。

憧れや誇りを感じてもらうためには、結果も必要になってきます。今年の目標はいかがですか？

森島　僕は個人の数字目標を立てないタイプなので、「チームとしてタイトルを獲ること」です。

稲垣　僕も個人の数字については特に言わないので、チームとしてタイトルを獲るため、勝ち続けるために、自分にできることを100パーセントで続けていきたいなと思いますね。

プレー面でお互いに要求したいことは？

稲垣　僕のことを助けてほしいです（笑）。プレーでもそうだし、チームを引っ張っていくようなところももっと助けてほしい。モリシにはそういう存在になってほしいので、そのあたりを求めながら、2人でゴールに絡むようなプレーができたらいいなと思います。

森島　自分は相手のギャップに立ってボールをもらうことが多く、ゴローくんならそこにパスを出してくれると思うので、そういった展開からつなげていければいいですね。僕は守備があまりうまくないけど、声を聞きながら助けていきたいです。ゴローくんが後ろを気にせず前に出ていけるぐらいカバーできるように、守備面でも成長したいなと思っています。

あの浦和戦のようなパスを森島選手が受ける形も期待していいですか？

森島　あれは反応できません。ゴローくんから出てくると思わないですから（笑）。

稲垣　知っているからこそね（笑）。

森島　藤次郎はなにも知らないから走り続けていたんですよ。

稲垣　そうかも（笑）。

森島　あれは止まっちゃう。むしろ僕は誰でも止まっちゃうんですけどね。ああやって走り続ける選手が点を取れると思うんです。僕は出し手が誰であっても止まらずに走り続けることが大事だと気付いて、意識するようになりました。クロスに対しても「入ってくるな、でも間に合わないな」と思って止まったらプレーが終わりますけど、走っていれば意外とこぼれてきたりしますからね。

では、ファミリーへメッセージをお願いします。

森島　昨シーズンは僕が加入して以降に失速してしまいましたが、今は勝ち続けられるチームを作っているところです。僕がその先頭に立ってやっていきたいと思います。個人としては仕掛けるところの成長を意識していきたいですね。今シーズンは頭を使ってやらないと置いていかれるようなサッカーをしているので、それを年間とおしてやっていけば必ず成長できるはず。健太さんが提示してくれるものに自分が一番合わせられるように、日々の練習からやっていきたいと思います。そして、熱のある試合をすること。今年は"熱さ"を表現していきたいです。

稲垣　もちろんチームはタイトルを獲る、リーグ優勝することを目指しています。そういった姿を見てもらえるように、その瞬間を共有できるように頑張っていきたいと思っています。今年はエンブレムが新しくなったり、新しい選手がたくさん入ってきたり、そういう変化がいろいろとあります。個人としても今までの経歴やプレーしてきたものに影響されることなく、どんどん変化して、さらに成長していきたいです。ファミリーの皆さんにも、僕らがどう変化していくのか、どう成長していくのかを見てもらいながら、勝つために試行錯誤をしていると感じてもらいながら、チームを後押しいただけたらうれしいです。

Yohei
TAKEDA

16

GK
武田 洋平

大分から移籍加入して早9年目。現役選手の中で最も名古屋を知る "縁の下の力持ち" として今季もチームを支える。ランゲラックに負けず劣らず好パフォーマンスを維持する鉄人で、卓越したセービング技術は若いGKたちにとっての良いお手本であり続けている。ランゲラックがプレーのクオリティーを保っていられるのも今年で37歳となるベテランGKとのハイレベルな競争の賜物と言えるかもしれない。昨季終盤に負った左手中指の骨折もオフ中にきっちり完治させ、頼れる男は今季も健在。本人は長谷川健太監督の下で取り組んでいるビルドアップの質改善におもしろさを見いだしているようで、あるいはかつて披露していた華麗な足技が再び見られるかもしれない。

PROFILE [プロフィール]

ニックネーム	たけちん
生年月日	1987年6月30日
出身地	大阪府
身長・体重	189cm・84kg
血液型	A型
利き足	右足

CAREER [経歴]

枚方フジタSC➡大津中➡大津高➡清水エスパルス➡アルビレックス新潟➡ガンバ大阪➡セレッソ大阪➡大分トリニータ

QUESTION 8 [質問]

①8歳 ②ヒキ（引き） ③なし ④タイトル ⑤熱い
⑥ゴルフ ⑦子どもと遊ぶ ⑧健康

DATA [出場データ]

シーズン	所属クラブ	カテゴリー	出場（得点）			
			リーグ	リーグ杯	天皇杯	ACL
2006	清水	J1	0(0)	—	—	—
2007	清水	J1	—	—	—	
2008	清水	J1	0(0)	0(0)	0(0)	—
2009	清水	J1	0(0)	0(0)	—	
2010	清水	J1	4(0)	2(0)	1(0)	—
2011	清水	J1	0(0)	0(0)	—	
	新潟	J1	4(0)	2(0)	0(0)	—
2012	G大阪	J1	0(0)	1(0)	6(0)	0(0)
2013	C大阪	J1	1(0)	0(0)	1(0)	
2014	大分	J2	41(0)		0(0)	
2015	大分	J2	33(0)			
2016	名古屋	J1	7(0)	2(0)	0(0)	
2017	名古屋	J2	9(0)	—	1(0)	
2018	名古屋	J1	0(0)	5(0)	0(0)	
2019	名古屋	J1	3(0)	8(0)	1(0)	
2020	名古屋	J1				
2021	名古屋	J1	0(0)	0(0)	0(0)	1(0)
2022	名古屋	J1	2(0)	3(0)	2(0)	
2023	名古屋	J1	0(0)	4(0)	1(0)	
通算		J1	21(0)	27(0)	12(0)	1(0)
		J2	83(0)	—	1(0)	—

17

NEW

MF

倍井 謙

黄 金世代と呼ばれ、総勢8名がプロ入りした2019年のU−18メンバーの中でも、図抜けた突破力を備えた逸材がようやくトップにたどり着いた。アカデミーから直接のトップ昇格はかなわなかったが、関西学院大で得意のドリブル突破に磨きを掛け、全日本大学選抜やU−23日本代表に選出されるまでに成長。ボールを受けたらまずは仕掛けるアグレッシブなプレースタイルは、高校3年時に「このままではいけない」と一念発起して手にしたもの。加入内定を勝ち取った強気なプレーはそのままに、運動量や守備面といった課題と向き合いながらスタメンの座を狙う。アカデミーに入った頃に着けていた愛着のある背番号で初心を思い出しつつ、スケールアップした自身の実力を見せつける。

PROFILE [プロフィール]

ニックネーム	けん
生年月日	2001年4月4日
出身地	愛知県
身長・体重	173cm・68kg
血液型	O型
利き足	右足

CAREER [経歴]

東海スポーツ➡名古屋グランパスU−15➡名古屋グランパスU−18➡関西学院大

QUESTION 8 [質問]

①7歳　②前への推進力　③音楽を聴く　④日の丸を背負う　⑤日本一　⑥映画鑑賞　⑦榊原杏太といる、カフェ　⑧けがをしない

DATA [出場データ]

シーズン	所属クラブ	カテゴリー	出場（得点）			
			リーグ	リーグ杯	天皇杯	ACL
2018	名古屋	J1	—	—	0 (0)	
2019						
2020			※トップチーム登録なし			
2021						
2022						
2023	名古屋	J1	1 (0)	1 (0)	—	—
通算		J1	1 (0)	1 (0)	0 (0)	—

※2018シーズンは2種登録選手
※2023シーズンはJFA・Jリーグ特別指定選手

NAGAI

Kensuke

18

FW

永井 謙佑

プロ14年目にしていまだ日本最速クラスの俊足を誇る名古屋の韋駄天。不断の努力は数字にも表れ、J1通算400試合出場の大台まであと11試合に迫っている。シュート技術の高さと、FC東京時代に長谷川健太監督の下で身に付けたラストパスのうまさはチーム屈指。攻守におけるハードワークも持ち味で、献身的にピッチを駆け回る姿は味方を鼓舞する。昨季は「バランスを取りすぎた」ことがあだとなり、フィニッシュの場面でパワーが残っておらず、逸機が目立ってしまったのは反省点。それでも2トップの採用が有力視される今季は、先発、途中出場を問わずFWとしての仕事に集中できる状況にあり、得点増への期待が膨らむ。いつにも増して貪欲にゴールを狙う姿が見られそうだ。

PROFILE [プロフィール]

ニックネーム	ケンスケ
生年月日	1989年3月5日
出身地	広島県
身長・体重	177cm・72kg
血液型	B型
利き足	右足

CAREER [経歴]

医生ヶ丘サッカー少年団➡浅川中➡九州国際大付属高➡福岡大➡名古屋グランパス➡RSリエージュ（ベルギー）➡名古屋グランパス➡FC東京

QUESTION 8 [質問]

①7歳　②スピード　③なし　④タイトル　⑤アツい
⑥料理　⑦家族　⑧平和

DATA [出場データ]

シーズン	所属クラブ	カテゴリー	出場（得点）			
			リーグ	リーグ杯	天皇杯	ACL
2009	福岡	J2	5 (0)	——	——	——
2010	神戸	J1	3 (0)	——	——	——
2011	名古屋	J1	27 (3)	2 (2)	4 (2)	7 (2)
2012	名古屋	J1	30 (10)	——	3 (2)	7 (1)
2012-13	RSリエージュ	ベルギー1部	3 (0)	——	——	——
2013-14	RSリエージュ	ベルギー1部	0 (0)	——	——	——
2013	名古屋	J1	14 (0)	——	1 (0)	——
2014	名古屋	J1	28 (12)	6 (1)	4 (6)	——
2015	名古屋	J1	31 (10)	4 (1)		——
2016	名古屋	J1	31 (7)	3 (0)		——
2017	FC東京	J1	30 (1)	8 (1)	1 (0)	——
2018	FC東京	J1	32 (5)	2 (0)	2 (0)	——
2019	FC東京	J1	33 (9)	4 (1)	2 (0)	——
2020	FC東京	J1	26 (4)	3 (0)		4 (1)
2021	FC東京	J1	38 (5)	10 (2)	1 (1)	——
2022	FC東京	J1	20 (0)	1 (0)	2 (0)	——
	名古屋	J1	13 (4)	2 (0)	——	——
2023	名古屋	J1	33 (4)	7 (2)	3 (0)	——
通算		J1	389 (71)	52 (10)	23 (11)	18 (4)
		J2	5 (0)			
		ベルギー	3 (0)			

※2009シーズン、2010シーズンはJFA・Jリーグ特別指定選手

19

MF
重廣 卓也

Takuya SHIGEHIRO

テ クニックと運動量を兼備し、パス回しの中継地となって攻撃にアクセントを付けるプレーが持ち味。連続したプレッシングも魅力の一つで、そのプレースタイルは攻防一体のファストブレイクとの親和性が高い。昨年3月に負った右大腿骨軟骨損傷の治療に時間が掛かり、昨季は1年を通じて本来のパフォーマンスを見せることができなかったが、コンディションを取り戻した今季は自身の強みを遺憾なく発揮して厳しい定位置争いに挑む。ボール保持から前進を試みる戦い方において有効なポジショニングの巧みさを備えているだけに、多種多様なタレントがそろう中盤にあってもおもしろい存在。課題の決定力に磨きを掛け、"反攻のシーズン"に転ずることができるか。

PROFILE [プロフィール]

ニックネーム	シゲ、タクヤ
生年月日	1995年5月5日
出身地	広島県
身長・体重	179cm・70kg
血液型	B型
利き足	右足

CAREER [経歴]

三次SCスポーツ少年団➡AC_MINAMI➡広島皆実高➡阪南大➡京都サンガF.C.➡アビスパ福岡

QUESTION 8 [質問]

①7歳　②攻守にわたってハードワークできること
③特になし　④タイトル獲得　⑤とても熱い　⑥――
⑦家族とお出掛け　⑧――

DATA [出場データ]

シーズン	所属クラブ	カテゴリー	出場（得点）			
			リーグ	リーグ杯	天皇杯	ACL
2017	京都	J2	――	――	――	――
2018	京都	J2	32 (3)	――	1 (0)	――
2019	京都	J2	29 (2)	――	――	――
2020	福岡	J2	19 (1)	――	――	――
2021	福岡	J1	23 (0)	3 (0)	1 (0)	――
2022	福岡	J1	2 (0)	3 (1)	1 (0)	――
	名古屋	J1	9 (1)	2 (0)	――	――
2023	名古屋	J1	3 (0)	2 (0)	2 (0)	――
通算		J1	37 (1)	10 (1)	4 (0)	――
		J2	80 (6)	――	1 (0)	――

※2017シーズンはJFA・Jリーグ特別指定選手

KUNI KennedyEgbus

20 NEW

DF
三國 ケネディエブス

す　らりと伸びる長い手足と193センチの長身は海外規格。高さに加えて高水準のスピードも兼備し、3バックの担い手として大きな期待を寄せられる。前所属の福岡では出番に恵まれず栃木への期限付き移籍も経験したが、2022年夏の福岡復帰を機に不退転の思いで練習に励み、存在感を高めていった。昨季のルヴァンカップ準決勝では名古屋を相手に「プロになって一番のプレーだった」というハイパフォーマンスを見せてクラブ初の決勝進出に貢献。それが名古屋からの獲得オファーにもつながった。新天地での挑戦について、本人は「思い描いている理想をかなえるためにここに来た」と気合い十分。同い年の井上詩音らと切磋琢磨しながら、J1での本格ブレイクを目指す。

PROFILE [プロフィール]

ニックネーム	ケネ
生年月日	2000年6月23日
出身地	東京都
身長・体重	193cm・85kg
血液型	A型
利き足	右足

CAREER [経歴]

東京NOBIDOME FC➡青森山田中➡青森山田高➡アビスパ福岡➡栃木SC➡アビスパ福岡

QUESTION 8 [質問]

①7歳　②ヘディング、フィジカル　③ストレッチ　④名を残す　⑤団結力がすごい　⑥釣り　⑦ゲーム　⑧80センチのブリを釣る

DATA [出場データ]

シーズン	所属クラブ	カテゴリー	リーグ	リーグ杯	天皇杯	ACL
2019	福岡	J2	11（0）	―	2（0）	―
2020	福岡	J2	19（1）	―	―	―
2021	福岡	J1	2（0）	2（1）	―	―
	栃木	J2	24（0）	―	―	―
2022	栃木	J2	3（0）	―	2（0）	―
	福岡	J1	5（0）	2（0）	―	―
2023	福岡	J1	18（0）	8（0）	2（0）	―
通算		J1	25（0）	12（1）	2（0）	―
		J2	57（1）	―	4（0）	―

21

MF
ターレス

将 来性と爆発力を秘めた若きブラジル人アタッカー。小さな負傷を繰り返した昨季はポテンシャルの一部を垣間見せるにとどまったが、加入2年目の今季は着実なステップアップが期待される。出場機会増のためオフの期間もトレーニングに励み、体つきは一回り大きくなった。その成果はキャンプで早くも表れ、コンタクトプレーで見違えるような強さを披露。肉体的なパワーアップがシュート力の向上にもつながっている。熊本時代はサイドアタッカーのイメージが強かったが、今季はサイド以外での起用も予想され、ワイドとインサイドの両方で厳しいポジション争いに挑む。日本国籍取得のために励んでいる勉強も含め、進化を続けるターレスの今後から目が離せない。

PROFILE [プロフィール]

ニックネーム	ターレス
生年月日	2001年6月29日
出身地	ブラジル
身長・体重	176cm・78kg
血液型	O型
利き足	右足

CAREER [経歴]

PSTC（ブラジル）➡秀岳館高➡ロアッソ熊本

QUESTION 8 [質問]

①5歳 ②スピードと1対1 ③お祈り ④日本代表選手になること ⑤熱い後押し ⑥ドライブ ⑦「Netflix」を観る ⑧日本国籍を取得する

DATA [出場データ]

シーズン	所属クラブ	カテゴリー	出場（得点）			
			リーグ	リーグ杯	天皇杯	ACL
2021	熊本	J3	21 (4)	——	2 (0)	——
2022	熊本	J2	12 (0)	——	——	——
2023	名古屋	J1	7 (0)	4 (0)	2 (0)	——
通算		J1	7 (0)	4 (0)	2 (0)	——
		J2	12 (0)	——	——	——
		J3	21 (4)	——	2 (0)	——

Daiki MITSUI

23

GK

三井 大輝

加入から2年間は紅白戦のメンバーにすら入れず、J3の沼津へ武者修行の旅に出た3年目も出場機会は得られなかった。それでも危機感を持って臨んだ4年目の昨季、積み重ねた努力が実ってようやくリーグ戦でのメンバー入りを果たした。キャッチングなどの基本技術に磨きを掛けながら、欧州トップクラスのGKたちのプレーを研究してそのエッセンスも取り入れてきた。現在の理想は2022年のワールドカップでも抜群の勝負強さを誇ったアルゼンチン代表の守護神エミリアーノ・マルティネスだという。アカデミー時代の同期である倍井謙と榊原杏太の加入によって、その心にはさらに闘志がみなぎっている。今季こそ公式戦のピッチに立ち、「やる気、元気、大輝！」を披露できるか。

PROFILE [プロフィール]

ニックネーム	みつい、みっちゃん
生年月日	2001年5月27日
出身地	愛知県
身長・体重	188cm・85kg
血液型	O型
利き足	右足

CAREER [経歴]

愛知日進サッカークラブ➡名古屋グランパスU-12➡名古屋グランパスU-15➡名古屋グランパスU-18➡名古屋グランパス➡アスルクラロ沼津

QUESTION 8 [質問]

①7歳 ②左手のスロー ③眼のトレーニング ④日の丸を背負う ⑤熱い！ ⑥「Netflix」視聴 ⑦「Netflix」視聴 ⑧私服をオシャレに

DATA [出場データ]

シーズン	所属クラブ	カテゴリー	出場（得点）			
			リーグ	リーグ杯	天皇杯	ACL
2019	名古屋	J1	―	―	―	―
2020	名古屋	J1	―	―	―	―
2021	名古屋	J1	―	―	―	―
2022	沼津	J3	0（0）	―	―	―
2023	名古屋	J1	0（0）	0（0）	0（0）	―
通算		J1	0（0）	0（0）	0（0）	―
		J3	0（0）	―	―	―

※2019シーズンは2種登録選手

24

DF

河面 旺成

藤井陽也らと並んで長谷川健太監督の下で力強さを身に付けた成長株の一人だろう。加入1年目は負傷に悩まされたが、万全のケアで臨んだ昨季は夏前からスタメンの座を奪取。インテンシティを意識し、対人プレーに改善を見せたことで希少価値が高い左利きのセンターバックとしての地位を確立した。"ボール保持による前進"という新たな戦術へのトライが始まった今季、抜群の精度と威力を誇る左足のキックはその有用性がさらに増した。もともとビルドアップやロングフィードには定評があり、状況によっては一つ高いポジションで攻撃の起点になるケースも考えられる。十八番であるノールックのダイアゴナルパスはもちろん、時折見せるトリッキーなプレーにも注目だ。

PROFILE [プロフィール]

ニックネーム	あき
生年月日	1994年5月3日
出身地	京都府
身長・体重	184cm・77kg
血液型	A型
利き足	左足

CAREER [経歴]

セレッソ大阪U-12➡セレッソ大阪西U-15➡作陽高➡明治大➡大宮アルディージャ

QUESTION 8 [質問]

①8歳頃 ②左足のキック ③ピッチに入る前に礼をする ④── ⑤熱い ⑥キャンプ ⑦家族でお出掛け ⑧愛知を知る

DATA [出場データ]

シーズン	所属クラブ	カテゴリー	出場（得点）			
			リーグ	リーグ杯	天皇杯	ACL
2016	大宮	J1	──			
2017	大宮	J1	1 (0)	6 (0)	2 (0)	──
2018	大宮	J2	38 (0)	──	──	
2019	大宮	J2	41 (2)		1 (0)	
2020	大宮	J2	18 (0)		──	
2021	大宮	J2	19 (0)		──	
2022	名古屋	J1	1 (0)	3 (0)	2 (0)	──
2023	名古屋	J1	13 (0)	6 (0)	4 (0)	──
通算		J1	15 (0)	15 (0)	8 (0)	──
		J2	116 (2)	──	1 (0)	──

※2016シーズンはJFA・Jリーグ特別指定選手

25

MF

久保 藤次郎

自らを過大評価しない謙虚さと、下剋上を目論む武士のような野心を併せ持った新進気鋭のサイドアタッカー。ドリブルに絶対の自信を持ちながら、状況によっては迷いなくパス&ゴーを選択するなど、その二面性はプレーにもよく表れている。味方にアドバンテージをもたらすプレーが巧みで、相手に対策された時こそ真価を発揮する。クロッサータイプではあるが、本人が目指す理想は"点が取れるウイングバック"で、今季の目標は二桁得点。ゴールへの執着心は高まるばかりで、キャンプでは昨季のおとなしかった姿を忘れさせるほどの積極性を見せていた。新人の頃に定めた「26歳でJ1」という目標は前倒しで達成された。目標が上方修正されたことでプレーの迫力もさらに増すはずだ。

PROFILE [プロフィール]

ニックネーム	トージ、トウジロウ
生年月日	1999年4月5日
出身地	愛知県
身長・体重	167cm・64kg
血液型	O型
利き足	右足

CAREER [経歴]

FCヴェルダン➡名古屋グランパス 岡崎スクール➡グランパスみよしFC➡帝京大可児高➡中京大➡藤枝MYFC

QUESTION 8 [質問]

①5歳　②ドリブル、運動量、シュート　③ストレッチ
④日本代表　⑤すごく熱く、応援がかっこいい　⑥車
⑦温泉に行きます　⑧自分磨き

DATA [出場データ]

シーズン	所属クラブ	カテゴリー	出場（得点）			
			リーグ	リーグ杯	天皇杯	ACL
2021	藤枝	J3	6 (2)	——	——	——
2022	藤枝	J3	30 (10)	——	1 (0)	——
2023	藤枝	J2	27 (5)	——	0 (0)	——
	名古屋	J1	8 (1)	3 (1)	1 (0)	——
通算		J1	8 (1)	3 (1)	1 (0)	——
		J2	27 (5)	——	0 (0)	——
		J3	36 (12)	——	1 (0)	——

※2021シーズンはJFA・Jリーグ特別指定選手

26

NEW

MF

成瀬 竣平

2022年の途中からJ2の岡山、山形、水戸と武者修行の旅に出ていたが、今季2年半ぶりに名古屋へ復帰。U−18まではサイドハーフが主戦場だったが、プロ入り後は両サイドバックをメインポジションとしてきたサイドの万能型で、重心の低いパワフルなコンタクトプレーと、ビルドアップを加速させるタイミングのいいダイレクトパスでチームの攻守を支える。今季はアカデミーの同期でもある井上詩音や、新加入の三國ケネディエブスなど同年代のチームメイトが増えたが、その中で世代筆頭になるだけのポテンシャルはある。守備理解度の高さや献身的なハードワークはマッシモ フィッカデンティ前監督仕込み。自らの持ち味を総動員して厳しいポジション争いに割って入る。

PROFILE [プロフィール]

ニックネーム	なる
生年月日	2001年1月17日
出身地	愛知県
身長・体重	166cm・66kg
血液型	O型
利き足	右足

CAREER [経歴]

瀬戸FCジュニア➡名古屋グランパスU-15➡名古屋グランパスU-18➡名古屋グランパス➡ファジアーノ岡山➡モンテディオ山形➡水戸ホーリーホック

QUESTION 8 [質問]

①9歳 ②ビルドアップ、縦パス、周りを生かすプレー ③── ④── ⑤どのチームよりもとにかく熱い！ ⑥サウナ ⑦朝頑張って起きてモーニング ⑧語学の勉強

DATA [出場データ]

シーズン	所属クラブ	カテゴリー	出場（得点）			
			リーグ	リーグ杯	天皇杯	ACL
2018	名古屋	J1	1 (0)	5 (0)	──	──
2019	名古屋	J1	1 (0)	1 (0)	──	──
2020	名古屋	J1	25 (0)	3 (0)	──	──
2021	名古屋	J1	18 (0)	2 (0)	2 (0)	3 (0)
2022	名古屋	J1	0 (0)	2 (0)	──	──
	岡山	J2	31 (0)	──	1 (0)	──
2023	山形	J2	2 (0)	──	──	──
	水戸	J2	15 (0)	──	1 (0)	──
通算		J1	45 (0)	13 (0)	2 (0)	3 (0)
		J2	48 (0)	──	2 (0)	

※2018シーズンは2種登録選手

久保 藤次郎
上限を突破せよ

グランパスにルーツを持つのは、アカデミー出身選手だけではない。
高校、大学、J3、J2……叩き上げのキャリアを歩むこの男もその一人だ。
憧れの舞台にたどり着き、急速に動き出した人生は今が勝負どころ。
「ここで自分の上限が決まる」と燃える勝負の1年で目指すのは、
自らの価値を示すゴールと、14年ぶりのリーグタイトルだ。

写真＝本美安浩　Photo by Yasuhiro HONMI

「自分でいく」という選択肢が
変化を遂げるきっかけに

昨年7月にグランパスへ加入しました。改めて昨シーズンの後半戦を振り返っていかがですか？

久保　加入当初はスピード感やチームメイトとの連係の部分で、慣れるのにすごく難しさを感じていました。だんだんと自分の特長を出せるようになったのは本当にシーズンの最後のほうで、周囲にも「こういう選手なんだな」と理解してもらえたと思います。最初は周りに合わせようとしすぎて、完全に自分の良さが失われていましたね。でも、長谷川（健太）監督から「もっとストロングを出してほしい」と言われて、自分でも「そうだよな」と思いました。チームメイトからも「失うものはないんだから、迷わずまずは仕掛けろよ」と声を掛けてもらって、そこからスタメン争いに絡めるようになった気がします。

プレーの選択肢を多く持っている久保選手に「迷いがあった」というのは興味深いです。

久保　そうですね（笑）。たぶんその選択肢の中に縦への突破とか、自分でいくというのが入っていなくて、怖さが出なかったんだと思います。そこに「自分でいく」という選択肢を入れたことが、変わったきっかけです。自分ではいいプレーをしているつもりでしたが、「やっぱり違うよな」と初心に返ったというか。「なぜそこで時間を無駄にしたの？」と自分に活を入れました。最初から自分のストロングを出しておけば、もっと早くチームに絡むことができたと思いますし、チームを勢いづけることもできたはずです。

チーム状況に対する責任を感じていたなかで、そのもどかしさとどう向き合っていたのですか？

久保　僕が入った時点では三冠を狙える状況で、それを勢いづけることを意識していましたが、正直、あの頃の自分にチームのことを考える余裕はなかったですね。まずは自分の調子を取り戻す、チームに慣れる。それが間接的ではあるけど、

チームに貢献する一番の近道だと思っていました。たぶん自分にとっての一番のきっかけは、ルヴァンカップの（アビスパ）福岡戦ですね。ホームでの第2戦で途中から使ってもらって、そこで初めて縦にいってクロスを上げたんです。監督からも「一本でいいからクロスを上げてこい」と言われていて、そこでやっと自分のストロングを出せました。本当に小さなプレーですけど、迷わず出せたことで監督にも少しだけ評価してもらえましたし、あのワンプレーでなにかが変わったんじゃないかと思います。

初めてJ1の舞台でプレーした半年間で、アップグレードできたような感覚はありますか？

久保　グランパスのサッカーは、フリックとかも含めて前に速いところがあって、特にキャスパー（ユンカー）の動き出しはスピードが速いので、顔を上げた瞬間にボールを出さないとタイミングを失ってしまうんです。ああいう縦に速いサッカーのなかで、ボールをつけるタイミングに瞬時の判断が要求されるというのは、今までの自分のサッカーにはなかったものですね。

今シーズンのチームについて、久保選手が感じている変化はどんな部分ですか？

久保　一番の変化は"ザ・センターフォワード"の選手が増えたことです。あとは左ウイングバックに左利きの選手を置けるようになったので、ビルドアップの安定感という点でも変化が出てくると思います。今年はどちらかと言うと、左サイドの選手がバランスを見ながら低い位置で組み立てに参加して、右サイドの自分が高めのポジションを取るという、右肩上がりのような形が顕著に出るのではないかと思っています。自分は後ろでビルドアップに参加するようなタイプではないので、高い位置でプレーさせてもらえるのはありがた

いです。ただ、逆にそこでなにもできなかったらこのシステムの意味がなくなってしまうので、プレッシャーも感じています。

昨年の経験を通じて、J1で勝つことの難しさを感じたのでは？

久保　すべて自分の感想になりますけど、昨年はチームとして攻撃パターンをあまり共有できていなかったのかなと感じます。阿吽の呼吸でやれるくらいコミュニケーションを取って、相手の予想を上回るようなコンビネーションを見せないと、点は取れないと思うんです。昨年の後半は失点が多くて、得点が少ないという一番良くないパターンでした。前半戦はその逆ができていたので、理想を言えばそれになります。昨年の後半はなかなかいい守備ができていなくて、その影響でリズムをつかめなかったり、体力を削られて攻撃に出ていけなかった試合もあったので、いい守備からいい攻撃をしていく必要があると思います。

チームがタイトルを獲得するためには、なにが必要だと思いますか？

久保　すべての試合できれいに勝つのは難しいですし、試合の中でも相手の流れになる時間帯は絶対にあります。そういうときに重要になってくるのが、"簡単なゴール"です。例えばカウンターで自分が走って、キャスパーも走って、アーリークロスから1点取る。チームのシュートは2本だったけど勝ちきった、みたいな。あとはセットプレーですね。チームの調子とは全く関係ないので、うまくいかない時こそ質の高い簡単なゴールを奪って、あとはガムシャラにでも守りきる。それでいいと思います。

二桁得点を常に狙っている
達成可能な数字だと思う

「グランパス ファミリー ステートメント」の一つに「Never Give Up for the Win」という言葉があります。これは久保選手の生き方にも通じるのでは？

久保　自分が岡崎スクールに通っていた頃から、グランパスは「Never Give Up」という言葉を使っていたと思うんですけど、当時は英語がわからなくて辞書で調べた記憶があります。サッカーは結局、「いかに勝ちたいか」という気持ちが重要なので、この言葉を忘れずにプレーすることが大事です。これまでのキャリアでなにかをあきらめたことはないので、そういう意味でも常に自分の心の中にあった言葉なのかなと思いますね。可能性のないことをいつまでも引きずるのは良くないけど、可能性があると思い続けて、自分を奮い立たせてきました。調子が落ちてきた時こそこの言葉を思い出して、自信を取り戻して、あきらめずにやっていきたいです。

こうして新しいシーズンに向かっていくのはどんな気持ちですか？

久保　今年は最初からJ1で戦う初めてのシーズンになるので、自分のキャリアにおいても勝負の年だと思っています。上に行くか、下に行くか。今後のサッカー人生の"上限"が決まる年になるのではないかと。僕は大卒で年齢的に若くはないし、活躍すれば未来は広がりますけど、活躍できなければ上限が決まって、あとは下がるか平行線になってしまうような気がしています。

「上限が決まる」というのはおもしろい発想です。

久保　例えば今年活躍できれば、海外移籍や日本代表入りも考えられるようになる。活躍できなくてもJ1では戦えるかもしれませんが、「チャンスをつかむためにもう1年」と思っていると、どんどん挑戦できる年齢ではなくなってきてしまいます。つまり、その時点での上限はJ1になりますよね。上限が決まるというのはそういうことです。僕の上限はまだ決まっていないと思いますけど、もうラストチャンスだよな、とも思います。それぐらい自分の中では大事なシーズンだと捉えています。正直、大卒でのプロ入りが決まった時は「26歳でJ1にたどり着ければ上々だろうな」と考えていました。J3で2年、J2で2年、26歳でJ1だ、と。それは当時のJ1に所属する選手の平均年齢が26歳だったからで、天才でもなんでもない自分は「平均年齢までにたどり着ければ上出来」という考え方だったんです。でも、今思えば自分の上限を決めてしまっていたんですよね。ありがたいことにその予定を早めることができたので、「もっと上の目標を」と考えていたら、最近頭に浮かんできたんです。「もっといけるじゃん」って。

ファミリーの皆さんの期待をどう自分の力に変えていきたいですか？

久保　自分はどちらかと言うとダークホースというか、雑草魂みたいな感じでやってきましたが、ファミリーの皆さんは一人の戦力として認めてくれました。その気持ちに応えたいですし、「自分がチームの中心なんだ」という気持ちを持てば、もっ

とパフォーマンスが上がってくると思っています。意識を変えて、「もう自分は成り上がりじゃなくて、しっかりとしたJ1の、グランパスの選手なんだ」という覚悟を持たないといけません。過大評価は良くないけど、今はまだ過小評価に傾いている感じがするので、それをもう少し上げて、自信を持ってプレーしていけたらと思います。

目標として数字を定めるタイプですか？

久保　はい。二桁得点を常に狙っています。昨年は届きませんでしたが、ウイングバックで点を取れるようになれば、Jリーグの中でも希少な存在になれると思います。J3では二桁取れたので、カテゴリーに比例して自分が成長しているのなら、J1でも達成可能な数字だと思います。自分に決定的な仕事を期待しているファミリーはまだ少ないと思うので、早めにポンポンと点を取って、「あいつはなにかやってくれる」という期待感を持ってもらえるようになりたいです。

今シーズンは背番号が変わりました。

久保　25番と言えば前田直輝さん（浦和レッズ）。最近のグランパスではそういうイメージがあると思います。直輝さんには「番号をもらいます」と連絡しましたが、自分の色に勝手に染めちゃえばいいかなとも思っています。一番好きな番号は「10」なので、今までもなんとかすれば「10」になるような番号にしてきたんです。25番も2×5で「10」ですから、勝手に10番の気持ちで頑張ります。こっそり「25」の間に「×」を書こうかな（笑）。

ファミリーの皆さんへ向けたメッセージをお願いします。

久保　昨シーズンはなかなか皆さんに勝利を届けることができなかったので、一戦一戦を大事に闘って、おもしろいサッカーと勝利で、ファミリーの皆さんを笑顔にできたらと思います。そうすれば必然的にタイトルもついてくると思うので、「Never Give Up」の精神で一緒に闘いましょう。今シーズンも応援、よろしくお願いします。

キッズ応援プロジェクト

NTPグループは、Jリーグ発足以来、名古屋グランパスのサッカー普及事業をサポートしています。

グランパスくんカー

1ゴール10球キャンペーン
2023年より愛知県全小学校へ活動を広げています。
※写真は2019年 450球 名古屋市・豊田市へ寄贈

NTP×mozoワンダーシティ チャリティーイベント

ふれあいサッカー広場

キッズエンジョイサッカー

地域貢献活動

『Nice To People ─人に「素敵」を。─』の理念のもと、
お客さまや地域の皆さま、そして社員とその家族にたくさんの
「素敵」をお届けし、豊かな暮らしの広がりをサポートすることを目指しています。

NTPグループの地域貢献

NTPグループは**ジブリパーク**のオフィシャルパートナーです。
© Studio Ghibli

ntp ぷらねっと
NTPグループは2021年4月から名古屋市科学館プラネタリウムドームのネーミングライツスポンサーになりました。

地域貢献・自治体との連携

店舗のまちイチ活動

社員のまちイチ活動

災害時の医療拠点への支援

災害時支援に関する協定

神社への寄付

社員の奉仕活動

飛沫循環抑制車の提供

東山動植物園 いのちつなぐ基金への寄付

環境保全

緑化推進活動

スマートディーラー

スポーツ振興

キッズ応援プロジェクト

地域スポーツ応援

交通安全

交通安全啓蒙運動

愛知県安全なまちづくり・交通安全パートナーシップ企業

文化振興

名古屋市科学館 プラネタリウムドーム ネーミングライツスポンサー「NTPぷらねっと」

地元文化の活性化

Nice To People

─人に「素敵」を。─

NTP GROUP

NTPグループホームページ
www.ntpgroup.jp/

名古屋トヨペット×名古屋グランパス
キッズ応援プロジェクト

Katsuhiro

NAKAYAMA

NEW

MF

中山 克広

永井謙佑を思わせる背後への抜け出しを得意とするスピードスター。「自分より速い人はあまり見たことがない」と話すその俊足は、縦への突破やカットインなどあらゆる局面で効力を発揮する。類いまれなスピードは横浜FC時代から有名だったが、清水への移籍を機にその評価はさらに上昇。昨季はJ2で8ゴールを挙げ、得点力のある二列目の選手としての地位を確立した。今季は右ウイングバックでの起用が有力視されるが、同じく攻撃意識が強い久保藤次郎との併用となればチームは"右肩上がり"という新たな武器を手にすることになる。FW陣と早くも信頼関係を築きつつあり、右サイドの中山がどれだけ多くの得点機を生み出すかは今季の見どころの一つになるかもしれない。

PROFILE ［プロフィール］

ニックネーム	かつ
生年月日	1996年7月17日
出身地	神奈川県
身長・体重	180cm・70kg
血液型	B型
利き足	右足

CAREER ［経歴］

都筑サッカー友の会➡横浜FCJrユース➡麻布大渕野辺高➡専修大➡横浜FC➡清水エスパルス

QUESTION 8 ［質問］

①6歳 ②スピード ③右足からピッチに入る ④後悔しない ⑤すごく熱狂的 ⑥ゴルフ ⑦妻と朝食を食べにいく ⑧モーニングを堪能する

DATA ［出場データ］

シーズン	所属クラブ	カテゴリー	出場（得点）			
			リーグ	リーグ杯	天皇杯	ACL
2019	横浜FC	J2	32 (6)	——	0 (0)	——
2020	横浜FC	J1	16 (0)	1 (0)	——	——
2021	清水	J1	27 (2)	4 (1)	3 (1)	——
2022	清水	J1	19 (2)	5 (0)	1 (2)	——
2023	清水	J2	38 (8)	3 (1)	0 (0)	——
通算		J1	62 (4)	10 (1)	4 (3)	——
		J2	70 (14)	3 (1)	0 (0)	——

28

NEW

FW

榊原 杏太

黄 金世代と称された2019年の名古屋U-18メンバーの中でも、その攻撃センスはトップクラス。パンチ力のある左足のシュートに加え、相手守備網をスルスルと抜けていくドリブル、周囲のランニングを促すようなスルーパスに絶対の自信を持つ。立正大で培った守備意識の高さは、強度が要求される長谷川健太監督のチームに必要とされたことからも証明された。玉田圭司や田口泰士が背負った28番の着用に関しては、「意味のある番号だと思っている。でも次に着ける選手が自分をイメージするぐらいの選手になる」と意気に感じているようで、1年目でのブレイクにも意欲的。「とにかく数字にこだわっていけば、監督は使ってくれる」。持ち味の得点に絡むプレーでアピールしたい。

PROFILE [プロフィール]

ニックネーム	きょうた
生年月日	2001年10月20日
出身地	静岡県
身長・体重	168cm・63kg
血液型	B型
利き足	左足

CAREER [経歴]

中田サッカースポーツ少年団➡清水エスパルスJrユース➡名古屋グランパスU-18➡立正大

QUESTION 8 [質問]

①3歳 ②左足のドリブル ③ストレッチ ④海外 ⑤日本一！ ⑥けんと一緒にいること ⑦—— ⑧たくさんいいことをする

DATA [出場データ]

シーズン	所属クラブ	カテゴリー	出場（得点）			
			リーグ	リーグ杯	天皇杯	ACL
2022	名古屋	J1	—	—	—	—
2023	名古屋	J1	—	1 (0)	—	—
通算		J1	—	1 (0)	—	—

※2022シーズン、2023シーズンはJFA・Jリーグ特別指定選手

Kyota SAKKAKIBARA

写真 = 本美安浩　Photo by Yasuhiro HONMI

倍井 謙 ✕ 榊原 杏太

新時代の象徴へ

この場所に戻るため、すべての時間を費やしてきた。
"U−18史上最強" と称されたチームの主軸を担った2人には、
「タイトルをもたらす」、「アカデミーの価値を上げる」という
クラブの未来を占う大きなミッションが課せられている。
グランパス新時代の旗手たちが今、新たな風を巻き起こす。

スタート地点に立ったにすぎない ここからが本当の勝負だと思っている

4年ぶりに同じユニフォームを着てプレーすることになりました。

倍井　2人でグランパスに戻って来られて良かったなと思っています。

榊原　僕もうれしく思います。ピッチ外でも謙と一緒にいることが多いですね。

お互いの成長や変化についてどのように感じていますか？

倍井　杏太は明確な特長である左足とドリブルに磨きを掛けてきたなと感じています。

榊原　謙はJ1でも通用するドリブルを伸ばしてきた印象ですね。僕とは違うスタイルですけど、自分にとってすごくいい刺激になっています。

アカデミー時代には日本クラブユース選手権とJユースカップを制しましたが、プレミアリーグファイナルで青森山田高校に敗れ、惜しくも三冠

達成とはなりませんでした。アカデミーでやり残したと感じていることはありますか?

榊原　「もっとやれた」という思いが強いです。謙を含め、プレミアリーグファイナルは負傷者が多く、万全の体制で臨めなかったことが心残りですね。仕方ないことですけど……今思い出しても悔しいです。

倍井　夏に点が取れるようになり(編集部注:日本クラブユース選手権で得点王を獲得)、「今後どうなるかな」と自分自身楽しみにしていた時にけがをしてしまいました。そのことについては今でも思うところがありますけど、あの経験がプラスになったとも思っているんです。プレミアリーグファイナルに出ることだけを考えてリハビリをしていた時、杏太をはじめ仲間たちがみんな、僕をあの舞台に連れていくためにリーグ戦で頑張ってくれました。「チームメイトのために早く治したい」という思いを含め、いろいろな感情を経験できたのは良かったですね。青森山田との試合で活躍し、最後に一番おいしいところを持っていきたかったんですけど、思ったよりもコンディションを上げられず、なにもできないまま終わってしまいました。

そういう悔しい経験が「プロで活躍したい」という強い気持ちにつながっているのですか?

倍井　そうですね。最後の試合での敗戦は「大学でまた一から頑張ろう」と思うきっかけになりました。また、古賀聡監督に「ここから何人がプロになれるか。それが"本当の最強世代"になれるかどうかの分かれ道だよ」と言ってもらったことも鮮明に覚えていますね。結果として、あの試合にスタメンで出ていた3年生全員がプロになったのは本当にすごいことだと思っています。

榊原　当時の印象的な記憶として覚えているのが、青森山田との試合を控えたトレーニングで謙がベンチ組のメンバーに入ることになり、練習後に1人でグラウンドに残っていたこと。すごく悔しかったんだと思います。

倍井　めちゃくちゃ泣いてた(笑)。

榊原　それをみんなわかっていたから、「あえて1人にしてあげよう」と話していたんですけど、(石田)凌太郎(栃木SCへ育成型期限付き移籍中)だけ行っちゃって。

倍井　そうそう。

榊原　凌太郎も泣いてなかった?

倍井　泣いてた(笑)。本当にいい仲間に恵まれたと思います。

そのアカデミー時代の同期は、13人中8人がプロ入りしています。

榊原　大学に入った時のように、違うチームでプレーしていてもお互いに刺激し合って、次は日本代表のユニフォームを着てまた一緒にサッカーがしたいです。それが今、みんなの目標になっています。

倍井　グランパスに戻って来られたことは本当に誇りに思いますけど、プロとしてスタート地点に立ったにすぎません。ほかのクラブに加入した仲間たちも、ここからが本当の勝負であることを理解しています。大学時代と同じようにお互いの活躍を気に掛けながら、刺激し合っていければと思っています。

「また観に来たい」と思えるような 魅力あふれるサッカーをして勝ちたい

今シーズンからグランパスのエンブレムが変わりました。どういった印象を抱いていますか?

倍井　すごくかっこいいと思います。前のエンブレムに対する名残惜しさもありますけどね。

榊原　あるんだ。

倍井　そりゃ、あるでしょ。

榊原　かっこいいから、俺はこれがいい。

倍井　俺が嫌って思ってるみたいじゃん。もちろん、僕も好きですよ(笑)。

エンブレムの上にある星を増やしていくことが2人のミッションになりますね。

榊原　自分たちの手で新しい星を付けたいね。

倍井　うん、増やしたい。大学ではいいところまで勝ち進みながら優勝できなかったので、グランパスで絶対にタイトルを獲りたいと思います。

「グランパス ファミリー ステートメント」の「Open Mind for the Grampus Family」という言葉についてはどう捉えていますか?

榊原　アカデミー時代は勝ち試合が増えるにつれて、スタジアムやトヨタスポーツセンターに来てくれる方が多くなっていった記憶があります。試合に勝つことが大前提ですけど、そのうえで魅力的なサッカー、感動させるサッカーを見せることが大事だと思います。「また観に来たい」と思ってもらえる試合をすることが、地域の活性化にもつながると思っています。

倍井　アカデミーの頃は毎週のようにファミリーの方々が応援に駆けつけてくれていましたけど、それがどれだけ幸せなことだったのか、大学に進学して改めて気付かされました。日本一のサポーターであるファミリーに背中を押してもらえることに幸せを感じながら、プレーしていきたいと思います。

シーズン開幕に向けた取り組みを続けているチームの雰囲気はいかがですか?

倍井　すごくいいよね?

榊原　うん、めっちゃいいと思う。年上の選手たちがいい雰囲気を作ってくれているので、僕ら若手もやりやすさを感じています。

自分たちが持つ本来の力を発揮できる環境が整っていると。

倍井　そう思います。伸び伸びとプレーできる環境を先輩方が作ってくれているので、あとは自分のパフォーマンスを発揮するだけ。自分次第だと

思います。

監督から求められていることは?

榊原　数字にこだわってプレーすることですね。練習でもトレーニングマッチでも、とにかく数字にこだわっていく。前線の選手として、相手を剥がして攻撃を組み立てることも大事ですけど、自分の良さを発揮しつつ、得点やアシストという目に見える結果を残したいと思っています。

倍井　攻撃で特長を出すことは当然として、守備面でも求められるものは多いと思っています。J1レベルの強度が必要になるので、これまでよりも守備に目を向けて取り組んでいかなければなりません。また、しっかりと守備をしながら攻撃でもパワーを発揮できるように、走力を含めて力強さも身に付けていきたいです。

ファミリーにどんなプレーを見せたいですか?

倍井　「見ていて楽しい」と思ってもらえるようなプレーを見せたいですね。僕自身、幼い頃に試合を観に行き、プロのドリブルを見て純粋に「すごい」と感じた経験があるんです。「倍井のプレーはワクワクするな」、「見ていておもしろいな」と思われるような選手になりたいですね。ボールを運ぶこと、相手を剥がすことをストロングポイントとして、僕はこれまでずっとやってきているので、そういうプレーを見て楽しんでもらえたらうれしいです。

榊原　僕も武器であるドリブルを見てほしいなと思っています。相手に対して積極的に仕掛けていくところであったり、謙とはまた違ったスタイルのドリブルに注目していただければと思います。

2人そろってピッチに立ち、ドリブルからゴールを決めるシーンが見たいですね。

榊原　そうなったら最高ですね。2人でグランパスを勝利に導きたいです。

倍井　自分の武器に磨きを掛けてきたつもりなので楽しみにしていてください。

最後にファミリーへメッセージをお願いします。

倍井　まずは僕自身、本当にグランパスファミリーが大好きだということを伝えたいです。また、たくさんの方が応援してくれていることに感謝しています。ファミリーの皆さんに愛される選手になるために、そして期待にしっかりと応えるために、全力で頑張ります。一緒に闘ってください。

榊原　「愛される選手になりたい」って、俺が加入内定のリリースで出したコメントじゃん!　謙に言われてしまったので、別のメッセージにしますね(笑)。昨年5月に豊田スタジアムで行われたルヴァンカップの(ヴィッセル)神戸戦に出場した時、皆さんの大きな後押しにずっと鳥肌が立っていました。あの時のようなすばらしい舞台に立つチャンスをつかめたことを誇りに思いつつ、日本一のサポーターであるファミリーの皆さんに少しでも早くピッチでプレーする姿を見せたいと思っています。熱い応援をよろしくお願いします。

私たちは、名古屋グランパスを応援しています。

30

DF
行徳 瑛

高校サッカー界の名門である静岡学園高でキャプテンを務めたポテンシャルの高いセンターバック。ルーキーイヤーの昨季は開幕直後の練習試合で負った鎖骨骨折によって大きく出遅れたが、筋力トレーニングをはじめとする日々の努力が実を結び、夏には一回り大きな体とプロの間合いを身に付けた。長身を生かした空中戦の強さ、高校時代にボランチとして培った技術の高さも魅力で、キャンプではコーチングにも積極性が見えるなど成長の跡が見られた。最終ラインがより攻撃的に振る舞う今季の戦い方は、「攻撃が自分の持ち味」と話す本人にとって追い風になるはずだ。20歳となる今季、ポジション争いは厳しいが、守備陣に彩りを加える存在としてサプライズを起こせるか。

PROFILE [プロフィール]

ニックネーム	エイ
生年月日	2004年12月17日
出身地	静岡県
身長・体重	185cm・79kg
血液型	B型
利き足	右足

CAREER [経歴]

若鮎長良FC➡有度FC➡静岡学園中➡静岡学園高

QUESTION 8 [質問]

①8歳　②ヘディング、ロングフィード　③──　④── ⑤──　⑥漫画、アニメ　⑦──　⑧──

DATA [出場データ]

シーズン	所属クラブ	カテゴリー	出場(得点)			
			リーグ	リーグ杯	天皇杯	ACL
2023	名古屋	J1	──	1 (0)	──	──
通算		J1	──	1 (0)	──	──

GYOTOKU EI

Haruto
SUZUKI

32
NEW

MF
鈴木 陽人

9 歳で名古屋のアカデミーに加入し、U−12からトップまで上り詰めた "純血" の生え抜き。165センチと小柄だが、爆発力のあるドリブル突破と鋭いクロス、カットインからのシュートなど、躍動感のあるプレーを持ち味とする。昨季は同期の貴田遼河が一足早くプロ契約を結ぶなか、自身もルヴァンカップのグループステージで出番を得たが、前半のみで交代を告げられてあまりの悔しさに涙を流した。それでも6月に昇格内定を勝ち取ると、昨年の終盤にはこれまで務めていた左右のサイドハーフだけでなく、トップ下にチャレンジしてプレーの幅を広げた。アカデミーのすべての年代でキャプテンを務めてきた真のリーダーが、トップチームでも順調にキャリアを築いていくことに期待したい。

PROFILE ［プロフィール］

ニックネーム	はると
生年月日	2005年5月17日
出身地	愛知県
身長・体重	165cm・65kg
血液型	B型
利き足	右足

CAREER ［経歴］

名古屋グランパスU−12➡名古屋グランパスU−15➡名古屋グランパスU−18

QUESTION 8 ［質問］

①5歳 ②ドリブルからのシュートやチャンスメイク ③―― ④W杯に出る ⑤家族、熱い後押しで力をくれる ⑥オーディション番組を観ること ⑦アニメ、テレビを観る ⑧多くの人と関わって、知識や見聞を広めること

DATA ［出場データ］

シーズン	所属クラブ	カテゴリー	出場（得点）			
			リーグ	リーグ杯	天皇杯	ACL
2022	名古屋	J1	――		――	――
2023	名古屋	J1	――	1 (0)	――	――
通算		**J1**	――	**1 (0)**	――	――

※2022シーズン、2023シーズンは2種登録選手

34

MF
内田 宅哉

期限付き移籍期間を延長して臨んだ昨季はリーグ戦29試合出場と一つ殻を破り、シーズン終了後の完全移籍を勝ち取った。名古屋へやってきた当初はサイドバックの戦力として見込まれていたが、3バック移行によって適性ポジションを探るなかで、一つの答えとして出たのがボランチ。もともと中盤が主戦場だったこともあってすぐに適応し、昨季のルヴァンカップ準々決勝第2戦では"オールアウト"の立ち回りを見せ、米本拓司や稲垣祥に匹敵する"ハンター"であることを証明した。運ぶドリブルなどのハイレベルなスキルに加え、コンタクトの強さやアプローチの速さ、豊富な運動量も兼備。今季は自らが課題に挙げる得点への関わりを増やし、より好影響を及ぼす選手への脱皮を図る。

PROFILE [プロフィール]

ニックネーム	うっちー
生年月日	1998年6月2日
出身地	千葉県
身長・体重	177cm・71kg
血液型	AB型
利き足	右足

CAREER [経歴]

JSC CHIBA➡FC東京U-15深川➡FC東京U-18➡FC東京

QUESTION 8 [質問]

①3歳 ②ドリブル、ハードワーク ③音楽を聴く ④日本代表 ⑤試合観戦に来る人数が多く迫力がある ⑥映画、ドラマ ⑦買い物、映画、ドラマ ⑧家族でいろいろなところに行く

DATA [出場データ]

シーズン	所属クラブ	カテゴリー	出場(得点)			
			リーグ	リーグ杯	天皇杯	ACL
2016	FC東京	J1	——	——	——	——
	FC東京U-23	J3	12 (1)	——	——	——
2017	FC東京	J1	——	1 (0)	——	——
	FC東京U-23	J3	27 (2)	——	——	——
2018	FC東京	J1	1 (0)	3 (0)	——	——
	FC東京U-23	J3	15 (1)	——	——	——
2019	FC東京	J1	2 (0)	4 (0)	1 (1)	——
	FC東京U-23	J3	19 (0)	——	——	——
2020	FC東京	J1	25 (0)	3 (0)	——	3 (0)
2021	FC東京	J1	13 (1)	4 (0)	——	——
2022	FC東京	J1	0 (0)	1 (0)	——	——
	名古屋	J1	19 (0)	1 (0)	3 (0)	——
2023	名古屋	J1	29 (0)	7 (0)	2 (0)	——
通算		J1	**89 (1)**	**24 (0)**	**6 (1)**	**3 (0)**
		J3	73 (4)	——	——	——

※2016シーズンは2種登録選手

PISANO

Alexandre Kouto Horio

35

NEW

GK

ピサノ アレクサンドレ幸冬堀尾

身長191センチの触れ込みで迎えたトップ昇格内定会見で「今は196センチです」と明かして周囲を驚かせ、新体制発表会では「少し縮んで195センチです」と記者たちの笑いを誘った。その恵まれた体格が最大の武器で、長い手足はハイボール処理や1対1の局面において大きな利点となる。ランゲラックからも「足を使ったセーブはお前にしかない強み」とアドバイスを受け、プロのスピードへの順応とともに今後のテーマとして掲げている。U−18時代から定評があった精度の高いフィードも、今季のチームコンセプトのなかで「自分の特長が生きる」と野心を隠さない。「高卒で育ててみたい」という現場の声もあってトップに引き上げられた才能が、最初の1年でどこまで伸びるのか注目だ。

PROFILE [プロフィール]

ニックネーム	ピサノ
生年月日	2006年1月10日
出身地	愛知県
身長・体重	195cm・84kg
血液型	O型
利き足	右足

CAREER [経歴]

F.C.フェルボール愛知➡名古屋グランパスU−18

QUESTION 8 [質問]

①5歳　②チャンスメイク、ビルドアップ　③水を飲む　④W杯、オリンピックに出て勝つ　⑤日本一　⑥いろいろな音楽を聴くこと　⑦寝る　⑧自炊をマスターする

37

GK
杉本 大地

⑤ 人体制で始まった今季のGKチームにおいて最も欠かせない存在と言えるかもしれない。大ベテランのランゲラックと武田洋平、若手の三井大輝とピサノアレクサンドレ幸冬堀尾をつなぐ絶妙な"ポジショニング"でチームの結束を図り、居残り練習のあとは決まって三井と世界のGK談義に花を咲かせる。「海外アスリートの体の使い方ができるように」とトレーニングの基礎を骨盤主導の身体コントロールに置き、体のバネを生かしたしなやかなセービングでピンチを防ぐ。ハイボール処理を含めた"有効射程"の広さも持ち味の一つで、ペナルティーエリア内を広範囲にカバー。経験豊富な兄貴分として、一気に増えた"93年組"の一員として、周囲と切磋琢磨しながらチームを高みへと導く。

PROFILE [プロフィール]
ニックネーム だいち、おすぎ
生年月日 1993年7月15日
出身地 神奈川県
身長・体重 187cm・83kg
血液型 A型
利き足 右足

CAREER [経歴]
ヤマハジュビロ浜松➡京都サンガF.C.U-18➡京都サンガF.C.➡徳島ヴォルティス➡京都サンガF.C.➡横浜F・マリノス➡ジュビロ磐田➡ベガルタ仙台

QUESTION 8 [質問]
①7歳 ②ハイボールの対応 ③深呼吸 ④タイトルを獲る ⑤マッチョ ⑥プロスピA ⑦モーニング ⑧お肌のケアを気にする

DATA [出場データ]

シーズン	所属クラブ	カテゴリー	出場(得点)			
			リーグ	リーグ杯	天皇杯	ACL
2011	京都	J2	──	──	──	──
2012	京都	J2	0(0)	0(0)	0(0)	──
2013	京都	J2	0(0)	0(0)	0(0)	──
2014	京都	J2	7(0)	──	0(0)	──
2015	京都	J2	5(0)	──	1(0)	──
	J-22	J3	1(0)	──	──	──
2016	徳島	J2	2(0)	──	1(0)	──
2017	横浜FM	J1	0(0)	6(0)	2(0)	──
2018	横浜FM	J1	0(0)	3(0)	0(0)	──
2019	横浜FM	J1	4(0)	0(0)	2(0)	──
2020	磐田	J2	8(0)	──	──	──
2021	磐田	J2	0(0)	──	2(0)	──
2022	仙台	J2	15(0)	──	2(0)	──
2023	仙台	J2	0(0)	──	──	──
	名古屋	J1	──	0(0)	──	──
通算		J1	4(0)	9(0)	4(0)	──
		J2	37(0)	──	6(0)	──
		J3	1(0)			

※2011シーズンは2種登録選手

Masahito ONO

NEW

MF

小野 雅史

激 戦必至の左ワイドのポジションに加わった新戦力。大宮のアカデミーで育ち、明治大を経由して大宮のトップチームに返り咲き。大学時代は背番号10を託されるプレーメーカーだった。昨季の山形への移籍が転機となり、ポジショナルプレーを掲げるチームのサイドバックとして"偽サイドバック"もこなすポリバレントな能力が開花。左足キックの精度と威力、ボランチとして培ったゲームメイク力を前面に押し出すプレースタイルは、今季のチームコンセプトにも合致する。「自分が見せられる違いはビルドアップの部分で、相手を剥がせること。これまで積み上げてきたものがある」。明確なプレービジョンと揺るぎない自信を携えて自身初となるJ1の舞台での新たな挑戦が始まる。

PROFILE [プロフィール]

ニックネーム	マサ
生年月日	1996年8月9日
出身地	埼玉県
身長・体重	172cm・69kg
血液型	A型
利き足	左足

CAREER [経歴]

大宮アルディージャジュニア➡大宮アルディージャJrユース➡大宮アルディージャユース➡明治大➡大宮アルディージャ➡モンテディオ山形

QUESTION 8 [質問]

①4歳　②左足　③──　④──　⑤──　⑥物件探し　⑦──　⑧海外旅行

DATA [出場データ]

シーズン	所属クラブ	カテゴリー	出場(得点)			
			リーグ	リーグ杯	天皇杯	ACL
2018	大宮	J2	──	──	──	──
2019	大宮	J2	2 (0)	──	2 (0)	──
2020	大宮	J2	35 (3)	──	──	──
2021	大宮	J2	32 (3)	──	0 (0)	──
2022	大宮	J2	38 (1)	──	1 (0)	──
2023	山形	J2	38 (0)	──	0 (0)	──
通算		J2	145 (7)	──	3 (0)	──

※2018シーズンはJFA・Jリーグ特別指定選手

66
NEW

MF
山中 亮輔

左 足一本でキャリアを切り開いてきたスペシャリスト。力強い踏み込みから繰り出す多彩なキックは、長短を問わず鋭く正確に受け手の下へ届けられる。柏のアカデミーから2012年にトップ昇格して以来、千葉、横浜FM、浦和、C大阪と国内クラブを渡り歩き、2018年には日本代表デビュー。デビューから2分足らずで決めた史上最速の初ゴールの舞台は奇しくも豊田スタジアムだった。クロッサータイプのサイドバックだが、横浜FMでの経験から"偽サイドバック"の役割も担える。山中による左サイドでの"作り"は今季の大きな特長の一つになりそうだ。昨季悩まされたアキレス腱の負傷は無事に完治。独特な軌道のクロスと直接フリーキックでスタンドを沸かせてくれるだろう。

PROFILE [プロフィール]

ニックネーム	ヤマ、リョウスケ
生年月日	1993年4月20日
出身地	千葉県
身長・体重	174cm・71kg
血液型	A型
利き足	左足

CAREER [経歴]

柏レイソルU-12➡柏レイソルU-15➡柏レイソルU-18➡柏レイソル➡ジェフユナイテッド千葉➡柏レイソル➡横浜F・マリノス➡浦和レッズ➡セレッソ大阪

QUESTION 8 [質問]

①6歳 ②左足のキック ③なにごとも左から ④リーグ優勝 ⑤熱いファミリー ⑥洋服 ⑦家族と過ごす ⑧名古屋のおいしいご飯屋さんをたくさん見つけること

DATA [出場データ]

シーズン	所属クラブ	カテゴリー	出場（得点）			
			リーグ	リーグ杯	天皇杯	ACL
2010	柏	J2	0 (0)	—	—	—
2011	柏	J1	—	—	—	—
2012	柏	J1	1 (0)	0 (0)	2 (0)	0 (0)
2013	柏	J1	10 (0)	2 (0)	2 (0)	1 (0)
2014	千葉	J2	23 (3)	—	2 (0)	—
	J-22	J3	—	—	—	—
2015	柏	J1	11 (0)	2 (0)	1 (0)	5 (0)
	J-22	J3	4 (0)	—	—	—
2016	柏	J1	13 (1)	1 (0)	1 (0)	—
2017	横浜FM	J1	22 (1)	4 (0)	4 (0)	—
2018	横浜FM	J1	32 (4)	5 (0)	2 (0)	—
2019	浦和	J1	22 (0)	0 (0)	2 (0)	5 (0)
2020	浦和	J1	31 (2)	1 (0)	—	—
2021	浦和	J1	24 (0)	7 (0)	3 (0)	—
2022	C大阪	J1	23 (0)	10 (0)	2 (0)	—
2023	C大阪	J1	21 (0)	2 (0)	1 (0)	—
通算		J1	210 (8)	34 (0)	20 (0)	11 (0)
		J2	23 (3)	—	2 (0)	—
		J3	4 (0)	—	—	—

※2010シーズン、2011シーズンは2種登録選手

Ryosuke
YAMANAKA

山中 亮輔

頂点へと導く
"唯一無二の左"

「誰にも負けない」と豪語する、明確で危険な武器。
あらゆる状況から繰り出されるスペシャルな左足は、
これまでのキャリアにおいて数多の歓喜を生んできた。
左足一本で生き抜いてきた百戦錬磨のベテランが、
新天地でも"理不尽なゴール"を演出する。

写真＝本美安浩　Photo by Yasuhiro HONMI

キャリアを築いた自慢の左足
攻撃面で違いを作っていきたい

今シーズンはグランパスの一員として闘うことになりました。

山中　僕を必要としてくれたクラブに感謝しています。移籍が決まって以降、「グランパスになにをもたらすことができるか」をずっと考えてきました。皆さんがなにより望んでいるのはリーグタイトルだと思います。その栄冠をこのクラブにもたらしたいです。

移籍の経緯を教えてください。

山中　昨シーズンの後半戦はけがで試合に出られずに、苦しい時期を過ごしました。そんな状況にも関わらず、オファーをしてくれたのがグランパスだったんです。プロサッカー選手として、自分を評価してくれるクラブに行きたいと思うのは当然ですし、僕を必要としてくれたグランパスの熱意に応えたいと考えて決断しました。チームとしての方向性や、僕にどのようなプレーを求めているかを明確に示してくれたことも、移籍を決める後押しとなりましたね。

山中選手の絶対的な武器である左足の正確なキックは天性のものですか？　それとも磨き上げて身に付けたものですか？

山中　「誰にも負けない武器を持とう」と考え、練習を重ねて身に付けたものです。この世界に入った瞬間から、厳しい世界であることはわかっていたので、とにかくキックの練習をしました。GKを捕まえてシュート練習をしたり、FWに手伝ってもらってクロスの練習をしたり……相手が「もう終わり！」と言うまで蹴っていましたね（笑）。キックの質はほかの選手にはないスペシャルな部分だと思っていますし、左足一本で生き残ってきた自負もあります。自分ならではの武器をグランパスでも見せていきたいと思います。

攻撃のイメージが強い一方で、守備も苦手ではないですよね。

山中　たしかに、攻撃面で注目されることが多いのですが、年齢を重ねるにつれ、守備で悪目立ちする機会は減ってきたかなと。周りを効果的に動かせるようになってきたので、うまく連係して守ることができれば問題ないと考えています。

改めて自身の特長を教えてください。

山中　僕のストロングは、攻撃で違いを作れる点です。チームがうまく機能していない状況でも、一本のキックで流れを変えられるし、なにもない状況から決定機を作り出せる。対戦するチームに

は「フリーでボールを持たせたら危ない選手」というイメージを持たれていると思います。

今年のグランパスには、山中選手の特長と相性がいいメンバーがそろっていますね。

山中　ターゲットになる強力なFWが多いので、僕がいいボールを届けられれば、ゴールを積み重ねていけそうだなと思っています。相手が守りを固めていても、一本のクロスから得点を奪い、試合を決められる。そういった"理不尽なゴール"も奪えるのではないかなと。ゴールまでのイメージは徐々に膨らんできているので、楽しみにしていてください。

山中選手は、どのような体勢からでも左足で質の高いクロスを上げられる印象があります。キックの際に意識していることは？

山中　クロスを上げる時は、ターゲットとなる味方の位置、ファーストタッチのズレ幅など、さまざまな状況に応じて蹴り方を使い分けています。もちろん、フリーの状態でボールを蹴ることが理想ですが、試合中は必ずしもそうはいきません。自分がコントロールをミスすることもあるし、高い強度で相手に寄せられることもあります。特に僕の場合は、対峙する相手が左足のコースを切ってくるシーンが多いので、状況次第で瞬時にペー

スや蹴り方を変えられるよう練習してきました。

その一方で、右足の精度についてはどのように評価していますか？

山中 全Jリーガーの中で最も右足を使うのが苦手だと思っています（笑）。そう思うぐらい、僕はここまで左足一本でやってきたので。今年でプロ13年目になりますが、僕のキャリアは「左足だけでもプロの世界で生き残っていける」という、ある種のロールモデルになっていると思っています。

これまでグランパスとは何度も対戦してきました。特に印象に残っていることはありますか？

山中 最も印象深いのは、スタジアムの雰囲気ですね。実は、僕が日本代表としてデビューし、ゴールを決めた場所が豊田スタジアムなんです（編集部注：2018年11月20日のキルギス戦）。僕にとって縁起がいいというか思い入れのある場所をホームにできるのはとてもうれしいですね。たくさんチャンスを演出して、ゴールを決めて、皆さんに喜んでもらいたいなと思います。

日本代表デビュー戦でのゴールは、歴代最速となる開始2分で生まれました。

山中 そうなんです。代表デビュー戦はどんな選手でも一度しかありませんから、僕の記録はなかなか抜かれないのではないでしょうか。子どもにも自慢できるのでうれしいです（笑）。

グランパスでやりたいこと、挑戦してみたいと考えていることはありますか？

山中 今までの経験や技術を、若い選手たちに伝えていきたいと考えています。これまで在籍したクラブでは、年上の偉大な先輩たちとポジション争いをすることが多かったんです。人間的にもすばらしい選手たちばかりで、さまざまなアドバイスをもらいながら、彼らの背中を見て大きく成長することができました。グランパスには年下の選手が多いので、今度は僕が彼らをサポートする立場になりたい。少しでもグランパスの未来につながることができれば、と思っています。

これまでは「自分のために」という意識が強かっ

たのでしょうか？

山中 そうですね。とにかく必死にポジション争いをしてきましたから。もちろん今シーズンもその気持ちを忘れずに全力で闘いますし、簡単にポジションを譲る気はありませんが、若い選手たちに培ってきたものを伝える年齢になってきたとも感じています。

目標はキャリアハイ更新とJ1優勝 質にこだわり多くの得点を演出する

変化の年を迎えるグランパスの象徴として、新しくなったエンブレムが挙げられます。印象はいかがですか？

山中 とてもスタイリッシュでかっこいいので僕は大好きですね！ クラブにとって多くの変化がある重要な1年だと思いますので、ぜひいいシーズンにしたいです。新しいエンブレムが、グランパスに関わるすべての人々にとってより誇り高く、よりすばらしいものになるよう、結果で示していきたいと思います。

「グランパス ファミリー ステートメント」には、「Open Mind for the Grampus Family」というキーワードがあります。応援してくれるグランパスファミリーの存在について、どのように考えていますか？

山中 応援してくれる方々あってのプロスポーツだと思っていますので、スタジアムに来てくれた人に「もう一度観に来たい」と言ってもらえるような、笑顔で帰ってもらえるような試合をしたいですね。そのために大切なのは、僕たち選手がピッチの中で全力を出し切ること。当たり前のことではありますが、チーム全体として闘う姿勢を示すことがなにより重要だと思っています。誰かのために闘うことで、選手はより大きな力を発揮できます。応援してくれるファミリーやサポーターの期待に応えられるように頑張りたいです。

新体制発表会では「愛される選手になりたい」という発言もありました。

山中 ファミリーの皆さんに愛されるためには、まずは僕がクラブを理解し、愛することが大事です。「グランパスのために」という想いを前面に押し出して全力でプレーし続け、応援したいと思われる選手になっていきたいです。

移籍に際し、「グランパスについてインターネットでたくさん検索した」と話していました。そのなかで印象的だったものはありますか？

山中 チャントの『風』ですね。ほかのクラブにはない、とてもいいフレーズを使ったチャントだと感じました。勝った時にみんなで歌う一体感が好きなので、今シーズンはその光景をたくさん見られたらと思っています。そのためにも、チーム全員で強いグランパスを作っていきたいですね。

チームを率いる長谷川健太監督の印象は？

山中 タイトルの獲り方を知っている監督、という印象です。ガンバ（大阪）での三冠をはじめ、たしかな実績を残されてきた監督ですので、不安は一切ありません。信じてついていくだけですね。最初は「怖い監督なのかな」と思っていましたが（笑）、選手としっかりコミュニケーションを取る方で、フランクに話し掛けてくれる姿が印象的でした。今シーズンのチームとしての方向性や僕に求める役割など、ビジョンを明確に伝えてもらったので、「僕のストロングを発揮できれば必ず勝利に貢献できる」というイメージを持つことができました。いいシーズンにして、監督にリーグ優勝をプレゼントしたいと思っています。

今シーズンの目標を教えてください。

山中 常にキャリアハイを更新し続けたいと思っているので、個人の目標は「4ゴール8アシスト以上」ですね。もちろん、チームとしての目標はリーグ優勝。得点は1試合平均2点以上、失点は1試合平均1点以下を目指したいです。僕のキックやプレーから、たくさんのゴールを生み出したいと思っています。

ずばり、そのために必要なことは？

山中 攻撃面で、積極的に関わり続けることだと思います。前に出ていく回数やスプリント、プレーの精度など、一つひとつのクオリティーにこだわっていきたいですね。質の高いパスさえ出せれば、必ず点を取ってくれる選手がそろっているので、たくさんのゴールを演出できるはずです。

最後に、ファミリーへメッセージをお願いします。

山中 2010年以来となるリーグ優勝を、皆さんと一緒につかみたい。多くの選手が入れ替わった今シーズン、難しい局面を迎えることもあるかもしれませんが、どんな時もクラブを信じて応援し続けてほしいです。選手とファミリーが一丸となった時、クラブは本当に強くなるものです。僕自身、その瞬間をこれまでに何度も見てきました。皆さんの熱い声援は、選手、クラブにとって大きな力となります。共に強いグランパスを作っていきましょう！

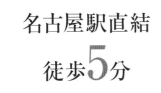

77

FW
キャスパー ユンカー

Kasper JUNKER

■ 癖は「チャンスをくれれば自分は決める」。得
点を求め、得点に愛されるストライカーが完
全移籍でチームに加わった。速攻でも遅攻でも、連
係プレーでも単独突破でも、シュートを打てばネッ
トを揺らす決定力の高さは唯一無二。今季、チー
ムのテーマの一つが「背番号77をいかに生かすか」
であることは間違いなく、本人もそれに応える覚悟
がある。ピッチを離れればナイスガイだが、ゴール
に向かう姿勢は飢えた獣のように荒々しい。昨季の
リーグ戦で記録した16得点はまだまだ序章にすぎ
ない。「自分の得点よりもチームの勝利」も口癖だ
が、より多くのゴールを挙げることがチームを勝利
に導く近道であることも事実。黄金の左足から今
季はいくつの得点が生まれるのか楽しみだ。

PROFILE [プロフィール]

ニックネーム	キャスパー
生年月日	1994年3月5日
出身地	デンマーク
身長・体重	186cm・76kg
血液型	――
利き足	左足

CAREER [経歴]

ラナースFC（デンマーク）➡FCフレゼリシア（デンマーク）➡ラ
ナースFC（デンマーク）➡オーフスGF（デンマーク）➡ACホーセ
ンス（デンマーク）➡スターベクIF（ノルウェー）➡ACホーセンス
（デンマーク）➡FKボデ／グリムト（ノルウェー）➡浦和レッズ

QUESTION 8 [質問]

①3歳　②スピード、シュート、ポジショニング　③リ
ラックスすること、自分の強みを意識すること　④――
⑤とても優しくて、常に声援を送ってくれる　⑥――
⑦買い物とコーヒーを飲むこと　⑧日本での生活を楽
しむこと

DATA [出場データ]

シーズン	所属クラブ	カテゴリー	出場（得点）リーグ	リーグ杯	天皇杯	ACL
2021	浦和	J1	21 (9)	6 (4)	5 (3)	――
2022	浦和	J1	21 (7)	3 (0)	――	6 (4)
2023	名古屋	J1	33 (16)	6 (0)	3 (1)	――
通算		J1	75 (32)	15 (4)	8 (4)	6 (4)

16得点という数字は
悪くない結果だと思う

まずは今年もユンカー選手と一緒に戦えることをうれしく思います。

ユンカー　ありがとうございます。自分もまたグランパスでプレーできることになり、本当に幸せです。昨年はいいプレーができて、いいシーズンを過ごせたので、ここに残りたいという気持ちがありました。クラブや仲介人にとっては簡単ではなかったと思いますが、いい解決策を見つけてくれました。こうして完全移籍という形でここに残り、またファミリーの皆さんに自分のプレーを見てもらえるのは本当に幸せなことです。

どんな気持ちでオフを過ごしていましたか？

ユンカー　来シーズンの契約がわからないままオフに入ることはこれまでにもありました。もちろん、「グランパスでプレーできればいいな」と思っていましたが、オフに入ってしまえば自分にできるのはしっかり体を休めることだけです。特に昨シーズンは多くの試合に出て疲れがたまっていたので、デンマークに帰って家族とリラックスして過ごすことを第一に考えました。必ずいい解決策が見つかるだろうと思っていましたし、契約のことはちょっと脇に置いて、余計な心配はせず、リラックスすることに努めました。

ユンカー選手は、オフ期間もたくさんトレーニングをするほうですか？

ユンカー　デンマークの冬は雪が多くて寒いので、ほかの国と比べるとできることが限られます。今回のオフは家族や兄弟、友人たちと「パデル」という、壁に囲まれたコートでテニスをするデンマークでポピュラーな競技を楽しみました。ただ、体を動かすこと以上に大事なのは、新たな疲労をため込まないことです。だから、やりすぎないように気を付けました。

オフが明けて、また日本に戻ってくる時の心境はどんなものでしたか？

ユンカー　やはりワクワクした気持ちがありました。名古屋生活は2年目なので、クラブがどういう状況なのか、どんな街なのかもわかっていましたし、リラックスした気持ちで戻ってくることができました。街のどこでなにができて、どこでおいしい食事を楽しむことができるのか、そういうことが全くわからなかった昨年と比べれば雲泥の差です。だからこそ、今シーズンに向けて「やってやろう！」という気持ちも湧いてきました。

今シーズンにつなげるという意味で、昨年のチームをどのように振り返りますか？

ユンカー　まず個人的にはリーグ戦で16得点、天皇杯も含めれば17得点を決めることができました。今シーズンは新しい選手が入ってきたので、彼らと一緒にチームを作っていく必要がありますが、得点についてはもちろん続けていきたいです。昨年のチームの良かったことの一つはシーズン前半戦のパフォーマンスです。しっかり点を取る、かつ堅い守備でなるべく無失点で試合を終わらせる。失点しなければ勝つチャンスはおのずと増えてきますし、そこが前半戦でいい成績を残せた一番の要因だと思います。そういうメンタリティーや闘う気持ちは今シーズンにも引き継がなければいけないですし、もう一度あのパフォーマンスを取り戻すことが重要です。

あえてストレートに聞きます。昨年はなぜこのチームで多くのゴールを決められたのですか？

ユンカー　大きな理由が二つあると思います。一つは大きな故障をせずシーズンを過ごせたこと、そしてもう一つはチームとスタッフが自分を信頼してくれたことです。周囲が自分の特長を理解し、それを発揮させてくれたことがなにより大きかったですね。クラブによってはチーム内での役割を強く求められて、自分のスタイルを変えなければいけないこともありますが、このチームは自分のことを本当に信頼してくれて、強みを最大限に生かすような取り組みをしてくれました。だからこそ、自分が持っている武器を最大限に生かすことができて、それが得点数にもつながりました。自分としても1年目の数字としては良かったと思っています。FWは世界中のどこに行っても得点を求められますが、Jリーグでゴールを挙げることは簡単ではありません。そういうなかで、16得点という数字は悪くなかったと思います。

Jリーグでゴールを挙げることの難しさとは、具体的にどんなところにあるのでしょう？

ユンカー　これまでいろいろなリーグでプレーしてきましたが、Jリーグがストライカーにとって難しいのは、相手チームの11人全員がゴールを守ることを怠らない、疎かにしないところです。例えば、自分がプレーしたことがあるノルウェーでは、守備の選手はもちろん守備にフォーカスしますが、攻撃の選手は必ずしもそうではなく、相手になにかしらの隙があったりします。ところが、Jリーグではそういうことがありません。さらに

キャスパー ユンカー
ゴールを決めること、それがすべて

強く、美しく、誰よりも速くゴールへ向かい、そして仕留める。
点を取るために生まれてきた男は今シーズン、正式に名古屋の一員となった。
1年目からチームの信頼に得点という形で応え続けた"本物"のストライカーは、
名古屋で迎える2年目を前に「ワクワクしている」と不敵に笑う。
静かに燃えるキャスパー ユンカーを、もう誰も止められない。

写真 = 本美安浩　Photo by Yasuhiro HONMI

言えば、「相手のストライカーを絶対に止める」ということを、一つの戦術として挑んでくるようなチームも多い印象があります。これが本当に難しくて、特にマテウス（カストロ／アル・タアーウンFC）が移籍した昨年の後半は、相手DFの注意がすべて自分に向いているような感覚でした。しかも、昨年の時点で自分は3シーズン目だったので、どのチームのDFも「キャスパー ユンカーがどんな選手か」を知っているなかでのプレーでした。そういう状況下で点を取るためには、本当にわずかな隙、ディテールの部分を見逃さないようにする必要があります。今シーズンも相手のわずかな隙を見逃さないようにしたいです。

「11人全員が守る」という部分ですが、グランパスではユンカー選手もその一人に含まれます。自身の守備の役割についてはどう考えていますか？

ユンカー　Jリーグでプレーする以上は、もちろん守備のタスクも求められます。大事なのは攻撃と守備でどうエネルギーを使うか、そのバランスだと思います。守備に走りすぎて、攻撃時に本来の役割であるゴールやチャンスメイクができなかったら、ストライカーとしての存在意義はなくなってしまいます。Jリーグの得点ランキングを見ても、上位にいる選手は守備に関してある程度の自由というか、余白を持たせてもらえているように感じます。つまりそれは、彼らがそれだけ点を取る能力に優れているということです。ストライカーもチームの一員なので、自分だけが全く別のことをやるわけにはいきません。やらなければならないのは、攻撃と守備のいいバランスを見いだすことです。守備をサボるわけではなく、少し攻撃のほうに比重を置く。それはコーチたちの信頼がないとできませんが、その点でグランパスは自分の得点力に信頼を寄せてくれていたので、とてもいいバランスで戦えていたと思います。

ゴールを決めて抱く感情は "喜び" よりも "安堵"

チームのトップスコアラーとして、リーダーとして、意識していることはありますか？

ユンカー　ストライカーとしてはやはり点を取る責任があると思います。ただ、責任を負うこと、チームを引っ張ることについても、やはりチームとの信頼関係がベースになってきます。自分が点を取ってチームが勝てば、チームメイトは自分のことを信頼してくれるでしょうし、当然その逆もあります。結果が出なければ「キャスパーはここ2試合点を取っていない」と言われてしまうでしょう。自分の役割をこなせばこなすほど、新たなプレッシャーや責任を感じることもありますが、それがストライカーです。サッカーをやっていくうえでは自然なことですね。ただ、自分一人だけが責任を負うのではなく、ピッチに立つ以上は全員が結果に責任を負うべきですし、全員がチームを引っ張っていく意識を持つことが大事です。

ゴールを決めた時の感情を表すとしたら、ユンカー選手はどんな言葉で表現しますか？

ユンカー　とても難しい質問ですが、ホッとするもの、"安堵" ですかね。ストライカーはゴールを求められるポジションで、それは自分の仕事でもあるので、点を決めれば「自分の仕事ができた」と感じますし、逆に決められなければ「自分の仕事ができなかった」ということになります。そういうときはチームメイトに対して申し訳なく思いま

す。自分のところにボールが回ってきてシュートを打てるのは、みんなが闘って、ハードワークしてくれた結果ですからね。だからゴールを決めた時の感情は "喜び" とかそういうものではなく、やはり "安堵" のようなものになりますね。

小さい頃からそういう感情を持っていたわけではないですよね？

ユンカー　そうですね（笑）。そもそも子どもの頃は、ゴールすることに対してなんのプレッシャーもなかったですし、1試合で7、8点取るのが当たり前だったので、単純にうれしいという感情だけでした。ただ、ユース年代になった頃には「絶対にゴールを決めてやる」という思いで試合に臨んでいたので、その頃から「ホッとする」という気持ちが出てきました。チームに対する貢献の形として自ら「ゴールを決めること」と設定していたので、点を取れなければプレッシャーを感じるようになります。トップカテゴリーでプレーし始めた頃は、ゴール以外のこともやらなければいけないような状況があって、それもちょっと違うなと。「そうじゃない、自分に求められていること、やらなければいけないことは "ゴール" だ」と気付いたんです。"安堵" の感情を持ち始めたのは、ユース年代あたりからですね。「My goal,to score goal」。"自分のゴールは、ゴールを決めること" と言えばいいのかな。

今シーズンのチームの特長をどのように捉えていますか？

ユンカー　まだ始まって間もないですが、昨年の良かった時期、シーズン前半に見せていた堅い守備が戻ってきそうなイメージがありますし、それができるような新加入選手が入ってきました。相手にとって嫌な、対戦が難しいチームになれると思います。走ること、闘うことを厭わない選手が本当にたくさんいますし、新加入選手もチームコンセプトに沿った戦いをやろうとしています。例えばケネディ（三國ケネディエブス）は非常にすばらしい才能を持っていますね。彼らが見せてくれている「学ぼうとする姿勢」もチームにとっていいことです。まだ短い練習期間の中でも、そういった姿勢が感じられます。

新加入選手に対して、積極的にコミュニケーションを取っているように見えました。

ユンカー　新加入選手に限らず、チームメイトとは常にコミュニケーションを取りたいと思っています。いいボールが来た時もそうですが、たとえミスをしてしまったとしても、いいパスを出そう、あるいはチームとしてやろうとしていることをしようという意図が感じられたときは、「今のは良かったよ」と伝えるようにしています。自分も行動を起こして周りからフィードバックをもらうことでいろいろと学んできたので、ほかの選手に対しても同じことをしようと。互いを理解し、学び合うことが大事です。もちろん、思ったとおりに

伝わらないこともあれば、間違って受け止められてしまうこともあります。それでも、やはり話さないと伝わりません。常にコミュニケーションを取り続けることが、選手として、一人の人間として、学びと成長につながると思っています。

昨シーズンの結果も踏まえ、タイトル獲得のためにはなにが必要だと考えますか?

ユンカー　タイトルを獲る簡単な方法があるのであれば、こんなに楽なことはないですね(笑)。でも、実際には簡単な方法などないので、「タイトルのためになにが必要か」という質問は非常に答えにくいです。自分が言えることとしては、15人、16人、17人……少なくともそれくらいの人数がシーズンをとおしてベストに近いパフォーマンスを維持すること、ですかね。それが11人や12人では少ないですし、負傷などなんらかの原因で誰かがプレーできなくなってしまったら、チーム力は落ちてしまいます。できるだけ多くの選手がシーズンをとおしてプレーし、かついいパフォーマンスを維持する。そのためにも選手たちはハングリー精神を持ってプレーする必要があります。シーズンは長いので、どの選手にも必要とされるタイミングは必ず来ます。それを信じて、どれだけパフォーマンスを落とさずにいられるか。また、これだけの選手がいても、間違った方向に進んでしまってはいけないので、自分たちの戦術をしっかり理解して、ピッチにいる全員がそれを表現できるように、戦術的に意思を統一することも必要だと思います。

ファミリーを熱狂させること それが自分たちの使命

「グランパス ファミリー ステートメント」の一つ、「Challenge for the Top」という言葉については、どんな印象を抱いていますか?

ユンカー　このクラブの姿勢というか、あるべき姿を表現したすばらしい言葉だと思います。グランパスはJリーグの中でも大きなクラブですし、本当に多くのサポーターがいて、常にタイトルを獲ることが求められています。そういったチームが"頂点を目指す"という言葉を掲げるのは当たり前のことですし、あえてこの言葉を強調せずとも、自分は「グランパスはそういうクラブだ」と思ったでしょうね。

ユンカー選手も"トップ"スコアラーへのチャレンジを続けるのでしょうか?

ユンカー　トップスコアラーになれるに越したことはないですし、なりたい気持ちはありますが、いつも言っているように、大事なのは自分のゴールよりもチームが勝つことです。自分がゴールを決めたとしても、チームが負けてしまえば意味がありません。だから、まずは勝つこと。それがタイトル獲得にもつながります。自分以外のチームメイトがなってもいいと思いますし、自分にとってのトップスコアラーとはそれくらいの位置付けでしかありません。チームの勝利、チームのタイトルのほうがずっと大事です。

自身のパフォーマンスについて、いい意味で昨

シーズンからの変化はありそうですか?

ユンカー　自分にとって重要なのは、昨シーズンと比べてなにかを改善したり、うまくなったりということよりも、昨年も含めてこれまでやってきたことを続けることです。昨年よりもいい選手になるためになにか違いを出したいというのなら、まずはこれまでやってきた正しいことをしっかり続けることが先です。つまり、自分に対しての信頼というか、自信ですね。自信を持つことで、より危険なところに顔を出せるでしょうし、そこにいることができれば点を取れるでしょう。昨年以上に相手の脅威になるためには、今までやってきたことの積み重ねが大事だと思っています。

最後に、ファミリーの皆さんへメッセージをお願いします。

ユンカー　昨年はアウェイにも本当に多くの方が来てくれて、いつも自分たちのことを応援してくれました。そのことに感謝しています。開幕戦でまた皆さんに会えるのが待ち遠しいですし、そこで皆さんに喜んでもらうために、自分たちはハードワークしています。スタジアムで熱い試合をして、ファミリーを熱狂させること。それが自分たちサッカー選手の使命です。そのためにベストを尽くすつもりです。また皆さんとスタジアムでお会いできるのを楽しみにしています。

昨年以上にユンカー選手のチャントを歌える機会が増えるといいですね。

ユンカー　そうですね。あの歌をとても気に入っているので、楽しみにしています。

COACHING STAFF

選手歴／経歴	
1988-1991	日産自動車サッカー部
1992-1999	清水エスパルス
2000-2004	常葉学園浜松大学 監督
2005-2010	清水エスパルス 監督
2013-2017	ガンバ大阪 監督
2018-2021	FC東京 監督
2022-	名古屋グランパス 監督

監督
長谷川 健太
Kenta HASEGAWA
1965年9月25日生まれ
静岡県

選手歴／経歴	
2014-2017	早稲田大学ア式蹴球部 コーチ
2018	名古屋グランパス U-18コーチ
2019	名古屋グランパス U-12コーチ
2020-2023	名古屋グランパス コーチ
2024-	名古屋グランパス ヘッドコーチ

ヘッドコーチ
竹谷 昂祐
Kosuke TAKEYA
1991年7月4日生まれ
大阪府

選手歴／経歴	
1989-1991	マツダSC
1992-1996	サンフレッチェ広島
1997	名古屋グランパス
1997	横浜マリノス
1998	名古屋グランパス
1999-2002	セレッソ大阪
2003-2011	セレッソ大阪 育成部GKコーチ
2012-2013	セレッソ大阪 アカデミーGKコーチ
2014-2016	セレッソ大阪 GKコーチ
2017-	名古屋グランパス GKコーチ

GKコーチ
河野 和正
Kazumasa KAWANO
1970年11月7日生まれ
大分県

選手歴／経歴	
2002-2012	名古屋グランパス
2013-2015	愛媛FC
2016	名古屋グランパス トップチームスカウト
2017	名古屋グランパス スクールコーチ
2018	名古屋グランパス U-12コーチ
2019-2022	名古屋グランパス U-18コーチ
2023-	名古屋グランパス コーチ

コーチ
吉村 圭司
Keiji YOSHIMURA
1979年8月8日生まれ
高知県

選手歴／経歴	
1995-1998	横浜フリューゲルス
1999-2018	名古屋グランパス
2019-2022	名古屋グランパス クラブスペシャルフェロー
2020-2022	名古屋グランパス アカデミーダイレクター補佐
2020-2022	名古屋グランパス アカデミーGKコーチ
2023-	名古屋グランパス アシスタントGKコーチ

アシスタントGKコーチ
楢﨑 正剛
Seigo NARAZAKI
1976年4月15日生まれ
奈良県

選手歴／経歴	
2007-2008	東京ヴェルディ
2009-2010	チャールストン・バッテリー
2010	クリスタルパレス・ボルチモア
2010	オースティン・アズテックス
2011-2012	FCタンパベイ
2012-2014	横浜FC香港
2014-2015	元朗足球會
2017-2019	広州富力 U-15コーチ
2020-2022	名古屋グランパス U-12コーチ
2023	名古屋グランパス U-15コーチ
2024-	名古屋グランパス コーチ

コーチ
吉武 剛
Tsuyoshi YOSHITAKE
1981年9月8日生まれ
三重県

選手歴／経歴	
2020-2022	筑波大学蹴球部 コーチ
2023-	名古屋グランパス 分析担当コーチ

分析担当コーチ
佐藤 凌輔
Ryosuke SATO
1998年1月30日生まれ
千葉県

選手歴／経歴	
2021	鹿児島ユナイテッドFC 英語通訳兼アシスタントコーチ
2022-2023	モンテディオ山形 アナリスト
2024-	名古屋グランパス 分析担当コーチ

分析担当コーチ
塚本 修太
Shuta TSUKAMOTO
1997年6月21日生まれ
茨城県

選手歴／経歴	
2004-2006	米国ブリガムヤング大学野球部 アスレティックトレーナー
2017-2020	FC東京 コンディショニングコーチ
2021	アルティーリ千葉 パフォーマンスディレクター
2022	名古屋グランパス コンディショニングコーチ
2023-	名古屋グランパス パフォーマンスコーチ

パフォーマンスコーチ
上松 大輔
Daisuke UEMATSU
1975年5月27日生まれ
京都府

選手歴／経歴	
2018	筑波大学蹴球部3部 コーチ
2019	筑波大学蹴球部 コンディショニングコーチ
2019	常総学園高校サッカー部 コーチ
2020-2021	徳島ヴォルティス アカデミー ジュニアコーチ兼 コンディショニングコーチ
2022-	名古屋グランパス フィジカルコーチ

フィジカルコーチ
山田 魁人
Kaito YAMADA
1995年5月1日生まれ
福井県

SUPPORT STAFF

チーフトレーナー
藤田 健人
Kento FUJITA

トレーナー
近藤 啓機
Hiroki KONDO

トレーナー
馬場 浩平
Kohei BABA

理学療法士
水谷 将和
Masakazu MIZUTANI

理学療法士
藤井 徹
Toru FUJII

チーフドクター
石塚 真哉
Shinya ISHIZUKA

主務
三田 実
Minoru MITA

副務
北野 眞一
Shinichi KITANO

副務
石坂 慎之介
Shinnosuke ISHIZAKA

副務
谷川 康洋
Yasuhiro TANIGAWA

通訳（英語）
黒川 隆史
Takashi KUROKAWA

通訳（韓国語）
ムン ゴンホ
MUN Keonho

ドクター
近藤 精司
髙橋 達也
酒井 忠博
清水 卓也

通訳（ポルトガル語、英語）
黒須 功太
Kota KUROSU

ACADEMY

U-18/U-15/U-12

U-18

U-18監督
三木 隆司
Takashi MIKI

Competition 主な出場リーグ / 出場大会

● 高円宮杯 JFA U-18サッカーリーグ プレミアリーグ 2024
● 日本クラブユースサッカー選手権 (U-18) 大会
● 高円宮杯 JFA U-18サッカープリンスリーグ 2024 東海
● 2024 Jユースカップ

GSS =グランパススクールスーパークラス出身　**GSA** =グランパススクールアドバンスクラス出身　**GS** =グランパススクール出身

DF U-18 **青木 正宗** (アオキ・マサムネ) 2006年4月18日 〈前所属チーム〉 名古屋グランパスU-15 〈在籍高校〉 県立瀬戸西高校	

DF U-18

青木 正宗
(アオキ・マサムネ)
2006年4月18日
〈前所属チーム〉
名古屋グランパスU-15
〈在籍高校〉
県立瀬戸西高校

DF U-18

池間 叶
(イケマ・カナウ)
2006年7月18日
〈前所属チーム〉
GloubsFC
〈在籍高校〉
東海学園高校

DF U-18

伊澤 翔登
(イザワ・シュウト)
2006年8月20日
〈前所属チーム〉
名古屋グランパス
〈在籍高校〉
県立豊田高校

DF U-18

苅米 飛和
(カリマイ・トワ)
2006年4月28日
〈前所属チーム〉
グランパスみよしFC
〈在籍高校〉
県立東郷高校

GS **FW** U-18

杉浦 駿吾
(スギウラ・シュンゴ)
2006年5月14日
〈前所属チーム〉
名古屋グランパス
〈在籍高校〉
東海学園高校

DF U-18
富川 勇斗
(トミカワ・ユウト)
2006年7月12日
〈前所属チーム〉
名古屋グランパスU-15
〈在籍高校〉
ルネサンス豊田高校

MF U-18

中原 蒼空
(ナカハラ・ソラ)
2006年9月6日
〈前所属チーム〉
鈴鹿ポイントゲッターズ
〈在籍高校〉
東海学園高校

FW U-18

西森 脩斗
(ニシモリ・ナオト)
2006年5月23日
〈前所属チーム〉
名古屋グランパスU-15
〈在籍高校〉
県立日進西高校

MF U-18

西森 悠斗
(ニシモリ・ユウト)
2006年5月23日
〈前所属チーム〉
名古屋グランパスU-15
〈在籍高校〉
県立日進西高校

GK U-18

濱崎 史揮
(ハマサキ・シキ)
2006年8月22日
〈前所属チーム〉
FC.フェルボール愛知
〈在籍高校〉
中京大附属中京高校

MF U-18

松嶋 好誠
(マツシマ・コウセイ)
2006年4月30日
〈前所属チーム〉
名古屋グランパスU-15
〈在籍高校〉
東海学園高校

FW U-17

伊藤 ケン
(イトウ・ケン)
2007年8月12日
〈前所属チーム〉
三重サッカーアカデミー
〈在籍高校〉
東海学園高校

FW U-17

大西 利都
(オオニシ・リツ)
2007年5月29日
〈前所属チーム〉
名古屋グランパスU-15
〈在籍高校〉
東海学園高校

MF U-17

神田 龍
(カンダ・リュウ)
2007年6月21日
〈前所属チーム〉
名古屋グランパスU-15
〈在籍高校〉
東海学園高校

DF U-17

神戸 間那
(カンベ・マナ)
2007年10月22日
〈前所属チーム〉
名古屋グランパスU-15
〈在籍高校〉
東海学園高校

DF U-17

小室 秀太
(コムロ・シュウタ)
2007年12月29日
〈前所属チーム〉
名古屋グランパスU-15
〈在籍高校〉
県立日進西高校

MF U-17

鶴田 周
(ツルタ・シュウ)
2007年4月12日
〈前所属チーム〉
名古屋グランパスU-15
〈在籍高校〉
東海学園高校

GSS **FW** U-17
野中 祐吾
(ノナカ・ユウゴ)
2007年4月5日
〈前所属チーム〉
名古屋グランパスU-15
〈在籍高校〉
中京大附属中京高校

MF U-17

野村 勇仁
(ノムラ・ユウト)
2007年6月5日
〈前所属チーム〉
名古屋グランパスU-15
〈在籍高校〉
中京大附属中京高校

GK U-17

萩 裕陽
(ハギ・ヒロアキ)
2007年6月12日
〈前所属チーム〉
名古屋グランパスU-15
〈在籍高校〉
東海学園高校

GSA **MF** U-17

平川 大翔
(ヒラカワ・ハルト)
2007年4月9日
〈前所属チーム〉
名古屋グランパスU-15
〈在籍高校〉
東海学園高校

DF U-17

丸山 世来人
(マルヤマ・セラト)
2007年4月6日
〈前所属チーム〉
名古屋グランパスU-15
〈在籍高校〉
岡崎城西高校

DF U-17

森 壮一朗
(モリ ソウイチロウ)
2007年6月29日
〈前所属チーム〉
JFAアカデミー福島U-15
〈在籍高校〉
東海学園高校

MF U-17

八色 真人
(ヤイロ・マヒト)
2007年4月29日
〈前所属チーム〉
名古屋グランパスU-15
〈在籍高校〉
中部大第一高校

GS **DF** U-17

山本 陽暉
(ヤマモト・ハルキ)
2007年4月14日
〈前所属チーム〉
名古屋グランパスU-15
〈在籍高校〉
東海学園高校

FW U-16

石田 翔琉
(イシダ・カケル)
2008年8月8日
〈前所属チーム〉
名古屋グランパスU-15

GS **DF** U-16

内海 壱惺
(ウツミ・イチセ)
2008年5月23日
〈前所属チーム〉
名古屋グランパスU-15

GSS **MF** U-16

大澤 菱
(オオサワ・リョウ)
2008年7月23日
〈前所属チーム〉
名古屋グランパスU-15

FW U-16
大見 咲新
(オオミ・サニイ)
2008年6月10日
〈前所属チーム〉
名古屋グランパスU-15

DF U-16

オディケチソン 太地
(オディケ・チソン・タイチ)
2008年6月17日
〈前所属チーム〉
JFAアカデミー福島U-15

GK U-16

加藤 直太郎
(カトウ・ナオタロウ)
2008年6月20日
〈前所属チーム〉
名古屋グランパスU-15

MF U-16

神谷 輝一
(カミヤ・キイチ)
2008年5月28日
〈前所属チーム〉
名古屋グランパスU-15

MF U-16

小島 蒼斗
(コジマ・アオト)
2008年7月15日
〈前所属チーム〉
FCオリベ多治見

DF U-16

白男川 玲斗
(シラオガワ・レクト)
2009年1月11日
〈前所属チーム〉
名古屋グランパスU-15

MF U-16

千賀 翔大郎
(センガ・ショウタロウ)
2008年9月19日
〈前所属チーム〉
名古屋グランパスU-15

MF U-16

中條 遼人
(チュウジョウ・ハルト)
2008年6月15日
〈前所属チーム〉
名古屋グランパスU-15

GS **MF** U-16

恒吉 良真
(ツネヨシ・リョウマ)
2009年2月12日
〈前所属チーム〉
名古屋グランパスU-15

MF U-16

津村 丈太
(ツムラ・ジョウタ)
2009年3月14日
〈前所属チーム〉
名古屋グランパスU-15

DF U-16

成瀬 楓悟
(ナルセ・フウゴ)
2008年12月27日
〈前所属チーム〉
名古屋グランパスU-15

MF U-16
水野 優人
(ミズノ・マサト)
2008年6月2日
〈前所属チーム〉
名古屋グランパスU-15

GK U-16

宮本 煌大
(ミヤモト・コウダイ)
2008年5月10日
〈前所属チーム〉
名古屋グランパスU-15

U-15

U-15監督
本間 敬
Takashi HOMMA

Competition 主な出場リーグ / 出場大会

- 高円宮杯 JFA 全日本ユースU-15サッカー選手権大会
- 日本クラブユースサッカー選手権 (U-15) 大会
- 高円宮杯 JFA U-15 サッカーリーグ 2024 東海 (東海地域リーグ)
- 高円宮杯 JFA U-15 サッカーリーグ 2024 愛知 (愛知県TOPリーグ)
- 2024 Jリーグ U-14 ボルケーノ
- JFA U-13サッカーリーグ 2024 東海 (東海地域リーグ)

GSS =グランパススクールスーパークラス出身　**GSA** =グランパススクールアドバンスクラス出身　**GS** =グランパススクール出身

GSS U-15

足立 惺洋
(アダチ・セナ)
2009年11月17日
〈前所属チーム〉
名古屋グランパス
U-12

U-15

安藤 璃宮
(アンドウ・リク)
2009年5月13日
〈前所属チーム〉
安城北部FC

U-15

井内 庸介
(イウチ・ヨウスケ)
2009年9月19日
〈前所属チーム〉
シルフィードFC

GS U-15

池田 歩弘
(イケダ・アユム)
2010年1月27日
〈前所属チーム〉
名古屋グランパス
U-12

U-15

今津 翔太郎
(イマヅ・ショウタロウ)
2009年4月30日
〈前所属チーム〉
JFC大垣WEST

U-15
上阪 碧都
(ウエサカ・アオト)
2009年10月12日
〈前所属チーム〉
東海スポーツ

U-15

江後 羽潤
(エゴ・ハウル)
2009年7月7日
〈前所属チーム〉
名古屋グランパス
U-12

GS U-15

大河 伶多
(オオカワ・レイタ)
2009年6月23日
〈前所属チーム〉
FC TOYOAKE落合

U-15

大橋 真希斗
(オオハシ・マキト)
2009年4月18日
〈前所属チーム〉
名古屋グランパスU-12
グランパス名古屋

U-15

加藤 一海
(カトウ・カズミ)
2009年4月16日
〈前所属チーム〉
鳥居松FCサッカー
スポーツ少年団

GSS U-15

齋藤 太陽
(サイトウ・タイヨウ)
2009年5月19日
〈前所属チーム〉
名古屋グランパス
U-12

U-15

田口 瑛翔
(タグチ・エイト)
2009年11月5日
〈前所属チーム〉
刈谷81FC

GS U-15

西青木 佐恭
(ニシアオキ・サキョウ)
2009年5月18日
〈前所属チーム〉
名古屋グランパス
U-12

U-15

前田 恋
(マエダ・レン)
2009年7月23日
〈前所属チーム〉
FC東郷

U-15

宮本 新
(ミヤモト・アラタ)
2009年6月24日
〈前所属チーム〉
刈谷81FC

GSS U-15

八色 隼人
(ヤイロ・ハヤト)
2010年3月18日
〈前所属チーム〉
名古屋グランパス
U-12

U-15

山口 雅貴
(ヤマグチ・マサキ)
2009年9月8日
〈前所属チーム〉
MFC.VOICE

U-15

山本 舷人
(ヤマモト・ゲント)
2009年7月10日
〈前所属チーム〉
DSS

U-14

伊藤 隼翔
(イトウ・ハヤト)
2010年7月18日
〈前所属チーム〉
名古屋グランパス
U-12

U-14

稲浪 颯士朗
(イナナミ・ソウシロウ)
2010年9月27日
〈前所属チーム〉
八事FC

U-14

川村 壇平
(カワムラ・ダンペイ)
2010年7月27日
〈前所属チーム〉
マルヤスFC83jr

U-14

末永 光基
(スエナガ・コウキ)
2010年4月22日
〈前所属チーム〉
MFC.VOICE

U-14

瀧上 晄史
(タキガミ・コウシ)
2010年10月21日
〈前所属チーム〉
F.C こもの

GSS U-14

滝川 林太郎
(タキカワ・リンタロウ)
2010年4月19日
〈前所属チーム〉
名古屋グランパスU-12
グランパス名古屋

GSS U-14

竹内 悠三
(タケウチ・ユウゾウ)
2010年5月27日
〈前所属チーム〉
DSS

U-14

田邊 幹大
(タナベ・カンタ)
2010年6月20日
〈前所属チーム〉
FCシリウス

U-14

谷本 來侍
(タニモト・ライジ)
2010年5月20日
〈前所属チーム〉
名古屋グランパス
U-12

GSS U-14

塚本 飛翔
(ツカモト・トワ)
2011年3月29日
〈前所属チーム〉
名古屋グランパス
U-12

U-14

利田 夏惟
(トシダ・カイ)
2010年6月21日
〈前所属チーム〉
マルヤスFC83jr

U-14

中嶋 晃誠
(ナカシマ・コウセイ)
2010年4月29日
〈前所属チーム〉
DSS

U-14

中根 佳祐
(ナカネ・ケイスケ)
2010年7月9日
〈前所属チーム〉
刈谷南FC

U-14

野村 卓史
(ノムラ・タカシ)
2010年6月26日
〈前所属チーム〉
DSS

U-14

深谷 朔共
(フカヤ・サクト)
2010年5月10日
〈前所属チーム〉
名古屋グランパス
U-12

U-14

右田 実生
(ミギタ・ジッセイ)
2010年4月2日
〈前所属チーム〉
名古屋グランパス
U-12

U-14

水谷 來夢
(ミズタニ・ライム)
2010年11月21日
〈前所属チーム〉
名古屋グランパス
U-12

GSS U-14

宮永 ジョエル
(ミヤナガ・ジョエル)
2010年6月15日
〈前所属チーム〉
名古屋グランパスU-12
グランパス名古屋

U-13

市原 蒼士
(イチハラ・ソウシ)
2011年9月6日
〈前所属チーム〉
東海スポーツ

GSS U-13

伊藤 朔
(イトウ・サク)
2011年6月22日
〈前所属チーム〉
DSS

GSS U-13

岩田 愛白
(イワタ・マシロ)
2011年5月7日
〈前所属チーム〉
名古屋グランパスU-12
グランパスみよしFC

U-13

岡崎 航汰
(オカザキ・コウタ)
2011年4月6日
〈前所属チーム〉
名古屋グランパス
U-12

U-13

金村 大樹
(カネムラ・ダイキ)
2011年9月20日
〈前所属チーム〉
シルフィードFC

U-13

小林 謙太
(コバヤシ・ケンタ)
2011年5月10日
〈前所属チーム〉
亀城FC

GSS U-13

榊原 秀
(サカキバラ・シュウ)
2011年7月2日
〈前所属チーム〉
名古屋グランパス
U-12

GSS U-13

佐藤 琉生
(サトウ・ルイ)
2011年11月5日
〈前所属チーム〉
名古屋グランパス
U-12

U-13

清水 謙年
(シミズ・ケント)
2011年9月1日
〈前所属チーム〉
名古屋グランパス
U-12

GSS U-13

竹内 蒼
(タケウチ・アオ)
2011年5月7日
〈前所属チーム〉
名古屋グランパス
U-12

U-13

鶴田 悠
(ツルタ・ユウ)
2011年10月7日
〈前所属チーム〉
名古屋グランパス
U-12

U-13

戸田 湊愛
(トダ・ソウア)
2011年9月28日
〈前所属チーム〉
西濃シティFC

U-13

長谷川 朝陽
(ハセガワ・アサヒ)
2011年9月5日
〈前所属チーム〉
名古屋グランパス
U-12

U-13

福田 隼太
(フクダ・シュンタ)
2011年7月24日
〈前所属チーム〉
名古屋グランパス
U-12

GSS U-13

松尾 楷仁
(マツオ・カイト)
2011年8月4日
〈前所属チーム〉
名古屋グランパス
U-12

U-13

松本 宗史朗
(マツモト・ソウシロウ)
2011年9月25日
〈前所属チーム〉
名古屋グランパスU-12
グランパスみよしFC

U-13
山本 權生
(ヤマモト・カイ)
2011年11月11日
〈前所属チーム〉
西尾SS

U-13
渡邊 波季
(ワタナベ・ナミキ)
2011年7月31日
〈前所属チーム〉
デラサルFC
岩倉FCフォルテ

U-13

フェリペ オリベイラ
(フェリペ・オリベイラ)
2011年7月19日
〈前所属チーム〉
ガンバ大阪ジュニア
豊中

U-12

U-12監督
滝澤 邦彦
Kunihiko TAKIZAWA

Competition 主な出場リーグ / 出場大会

- JFA 全日本U-12サッカー選手権大会愛知県大会
- AIFA 津留建設リーグ戦2024（愛知県リーグ）
- フジパンCUPユースU-12サッカー大会
- AIFA JA 全農杯全国小学生選抜サッカー大会

GSS =グランパススクールスーパークラス出身　GSA =グランパススクールアドバンスクラス出身　GS =グランパススクール出身

大津 陽 U-12
（オオツ・アキラ）
2012年4月6日
〈前所属チーム〉
豊田北JFC

岡崎 拓登 U-12
（オカザキ・タクト）
2012年5月7日
〈前所属チーム〉
鳥居松FCサッカー
スポーツ少年団

後藤 綜志 U-12
（ゴトウ・ソウシ）
2012年7月3日
〈前所属チーム〉
安城北部FC

齋藤 颯真 U-12
（サイトウ・ソウマ）
2012年9月5日
〈前所属チーム〉
瀬戸FC

鈴木 滉人 U-12
（スズキ・ヒロト）
2012年5月19日
〈前所属チーム〉
Wyvern FC

野間 仁寧 U-12
（ノマ・ジンネ）
2012年6月18日
〈前所属チーム〉
グランパス名古屋

長谷川 凌大 U-12
（ハセガワ・リョウタ）
2012年11月13日
〈前所属チーム〉
FCシリウス

前川 侑輝 U-12
（マエカワ・ユウキ）
2012年5月10日
〈前所属チーム〉
DSS

正木 隼人 U-12
（マサキ・ハヤト）
2013年3月1日
〈前所属チーム〉
ペレニアルSC

柳 颯斗 U-12
（ヤナギ・ハヤト）
2012年6月26日
〈前所属チーム〉
八事FC

山田 隼渡 U-12
（ヤマダ・ハヤト）
2012年4月23日
〈前所属チーム〉
レッドスターチ

横山 響太郎 U-12
（ヨコヤマ・キョウタロウ）
2012年7月5日
〈前所属チーム〉
八事FC

伊藤 潤樹 U-11
（イトウ・ミヅキ）
2013年5月19日
〈前所属チーム〉
エルニーニョ美和

小林 葉瑠乃 U-11
（コバヤシ・ハルノ）
2013年5月27日
〈前所属チーム〉
FC豊橋リトルJ
セレソン

間瀬 哉太 U-11
（マセ・カナタ）
2013年5月21日
〈前所属チーム〉
FCシリウス

松田 祈龍 U-11
（マツダ・キリュウ）
2013年7月20日
〈前所属チーム〉
西濃シティFC

松本 修史朗 U-11
（マツモト・シュウジロウ）
2013年9月29日
〈前所属チーム〉
SYSC

山路 康雅 U-11
（ヤマジ・コウガ）
2013年4月18日
〈前所属チーム〉
尾西FC

山地 航太 U-11
（ヤマジ・コウタ）
2013年5月2日
〈前所属チーム〉
FCシリウス

横山 蒼人 U-11
（ヨコヤマ・アオト）
2013年5月9日
〈前所属チーム〉
豊田エスペランサSC

大野 泰志 U-10
（オオノ・タイシ）
2014年5月29日
〈前所属チーム〉
FCヴェルダン

小椋 悠誠 U-10
（オグラ・ユウセイ）
2014年10月27日
〈前所属チーム〉
みずほFC

後藤 駿佑 U-10
（ゴトウ・シュンスケ）
2014年5月22日
〈前所属チーム〉
グランパススクール

松岡 祐生 U-10
（マツオカ・ユイキ）
2014年6月29日
〈前所属チーム〉
グランパススクール

ACADEMY GROUP TECHNICAL STAFF / COACHING STAFF / SUPPORT STAFF

執行役員
ゼネラルマネジャー
アカデミーダイレクター
山口 素弘
Motohiro YAMAGUCHI

アカデミー
サブダイレクター
中村 直志
Naoshi NAKAMURA

U-18監督
三木 隆司
Takashi MIKI

U-18コーチ
佐枝 篤
Atsushi SAEDA

U-18コーチ
井口 大輔
Daisuke IGUCHI

U-18コーチ
中村 亮太
Ryota NAKAMURA

GKコーチ
広野 耕一
Koichi HIRONO

U-15監督
本間 敬
Takashi HOMMA

U-15コーチ
森川 誠一
Seiichi MORIKAWA

U-15コーチ
小山 優
Yu KOYAMA

GKコーチ
河村 聡史
Satoshi KAWAMURA

U-12監督
滝澤 邦彦
Kunihiko TAKIZAWA

U-12コーチ
岸田 勝太郎
Shotaro KISHIDA

U-12コーチ
伊藤 智史
Satoshi ITO

フィジカルコーチ
柳下 幸太郎
Kotaro YAGISHITA

エクイップ
林田 一明
Kazuaki HAYASHIDA

チーフアスレティック
トレーナー
瀧 圭介
Keisuke TAKI

アスレティック
トレーナー
尾崎 克樹
Katsuki OZAKI

スカウト
岡山 哲也
Tetsuya OKAYAMA

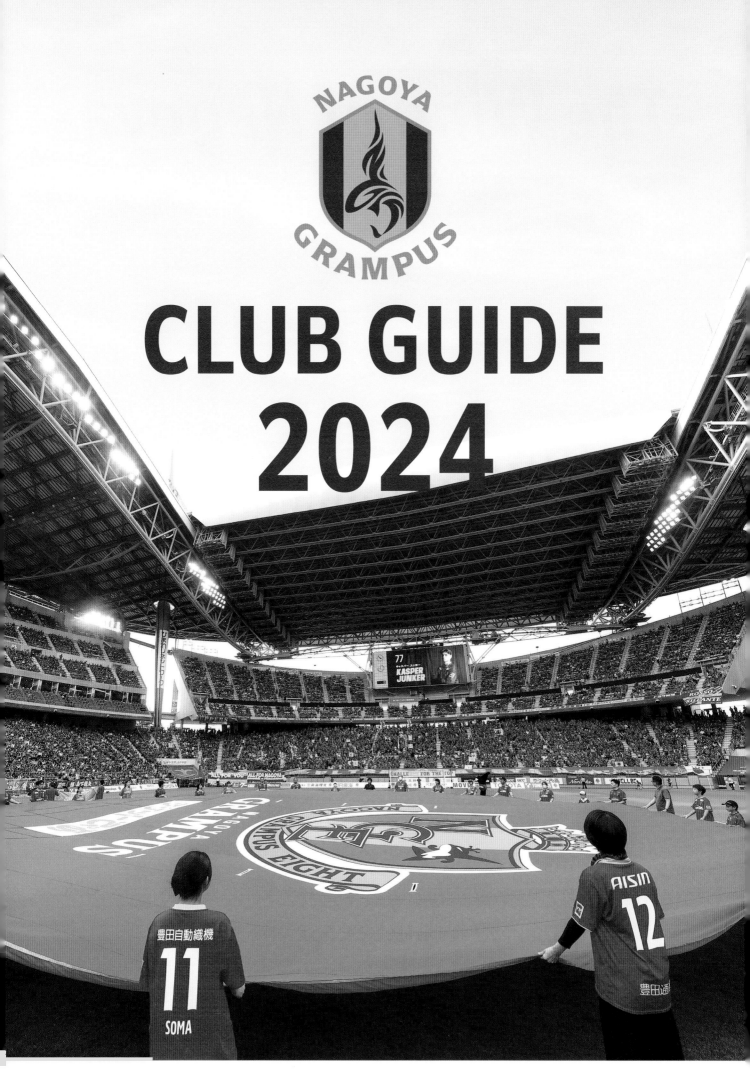

CLUB GUIDE 2024

-The Wind of Nagoya-

情熱の風を身にまとい闘おう
今こそ、上昇気流に乗って共に頂へ

新たなエンブレムを中心に、
グランパスファミリーの情熱が周囲を巻き込み、
頂へと向かう風・上昇気流を生み出す様子を表現。
胸に刻まれた「Never Give Up for the Win」は
熱い想いの源泉となるグランパスのDNA。
情熱の風を身にまとい、共に頂へ──。

胸：トヨタ自動車（株）

サプライヤー：ミズノ（株）

右鎖骨：(株) ワークスタッフ

左鎖骨：(株) プロトコーポレーション

右袖：ホームタウン

左袖：トヨタファイナンス（株）

背中：(株) アイシン

背中裾：豊田通商（株）

パンツ左裾前面：興和（株）

パンツ右裾後面：矢作建設工業（株）

2024

 明治安田 **J1 LEAGUE**

■大会方式：大会方式：20チームによる2回戦総当たりリーグ戦。勝点は、勝利が3点、引き分けが1点、敗戦が0点。リーグ戦が終了した時点で、勝点合計の多いチームを上位とし、順位を決定する。ただし、勝ち点が同じ場合は、①得失点差、②総得点数、③当該チーム間の対戦成績、④反則ポイント、⑤抽選の順で順位を決定する。18位、19位、20位のクラブはJ2に自動降格となる。

■ 2024 明治安田J1リーグ スケジュール

節	日時		キックオフ	対戦相手	スタジアム名
1	2月23日	（金・祝）	18:00	鹿島アントラーズ	豊田スタジアム
2	3月2日	（土）	14:00	FC町田ゼルビア	豊田スタジアム
3	3月9日	（土）	14:00	アルビレックス新潟	デンカビッグスワンスタジアム
4	3月16日	（土）	15:00	柏レイソル	三協フロンテア柏スタジアム
5	3月30日	（土）	16:00	横浜F・マリノス	豊田スタジアム
6	4月3日	（水）	19:30	北海道コンサドーレ札幌	札幌ドーム
7	4月7日	（日）	15:00	アビスパ福岡	豊田スタジアム
8	4月13日	（土）	14:00	ジュビロ磐田	ヤマハスタジアム（磐田）
9	4月21日	（日）	15:00	セレッソ大阪	豊田スタジアム
10	4月28日	（日）	15:00	浦和レッズ	埼玉スタジアム2002
11	5月3日	（金・祝）	19:00	ヴィッセル神戸	豊田スタジアム
12	5月6日	（月・休）	15:00	サンフレッチェ広島	エディオンピースウイング広島
13	5月11日	（土）	16:00	ガンバ大阪	豊田スタジアム
14	5月15日	（水）	19:00	FC東京	豊田スタジアム
15	5月18日	（土）	19:00	サガン鳥栖	駅前不動産スタジアム
16	5月26日	（日）	15:00	京都サンガF.C.	豊田スタジアム
17	6月2日	（日）	17:00	川崎フロンターレ	Uvanceとどろきスタジアム by Fujitsu
18	6月16日	（日）	18:00	湘南ベルマーレ	豊田スタジアム
19	6月22日	（土）	18:00	東京ヴェルディ	味の素スタジアム
20	6月26日	（水）	19:00	浦和レッズ	豊田スタジアム
21	6月30日	（日）	18:00	セレッソ大阪	ヨドコウ桜スタジアム
22	7月6日	（土）	18:00	FC町田ゼルビア	町田GIONスタジアム

節	日時		キックオフ	対戦相手	スタジアム名
23	7月14日	（日）	18:00	柏レイソル	豊田スタジアム
24	7月20日	（土）	19:00	ヴィッセル神戸	ノエビアスタジアム神戸
25	8月7日	（水）	19:00	京都サンガF.C.	サンガスタジアム by KYOCERA
26	8月11日	（日・祝）	19:00	東京ヴェルディ	豊田スタジアム
27	8月17日	（土）	19:00	サンフレッチェ広島	豊田スタジアム
28	8月24日	（土）	19:00	湘南ベルマーレ	レモンガススタジアム平塚
29	8月31日	（土）	19:00	アルビレックス新潟	豊田スタジアム
30	9月14日（土）or 9月15日（日）		未定	FC東京	国立競技場
31	9月21日（土）or 9月22日（日・祝）		未定	川崎フロンターレ	豊田スタジアム
32	9月28日（土）or 9月29日（日）		未定	ジュビロ磐田	豊田スタジアム
33	10月4日	（金）	未定	アビスパ福岡	ベスト電器スタジアム
34	10月19日（土）or 10月20日（日）		未定	北海道コンサドーレ札幌	豊田スタジアム
35	11月3日	（日・祝）	未定	ガンバ大阪	パナソニック スタジアム 吹田
36	11月9日	（土）	未定	鹿島アントラーズ	県立カシマサッカースタジアム
37	11月30日	（土）	未定	サガン鳥栖	未定
38	12月8日	（日）	未定	横浜F・マリノス	日産スタジアム

※第35節は、対戦カードに「2024 JリーグYBCルヴァンカップ決勝に出場するクラブ」が含まれる場合、10/23（水）、10/30（水）、11/6（水）のいずれかで開催いたします。

2024 J.LEAGUE YBC **Levain CUP**

■ 2024 JリーグYBCルヴァンカップ スケジュール（1stラウンド）

回戦	日時		キックオフ	対戦相手	スタジアム名
2	4月17日	（水）	未定	大宮アルディージャ or FC岐阜	未定

1stラウンド
組み合わせ

プレーオフラウンド

名古屋グランパス｜大宮アルディージャ｜FC岐阜｜横浜FC｜ファジアーノ岡山｜テゲバジャーロ宮崎

■大会方式：〈1stラウンド〉57チームを10グループに分け、1試合制のノックアウト方式を実施。各トーナメントを勝ち上がった10チームがプレーオフラウンドに進出する。〈プレーオフラウンド〉1stラウンドを勝ち上がった10チームにより、ホーム＆アウェイ方式の2試合を行う。勝利した5チームがプライムラウンドに進出する。〈プライムラウンド〉プレーオフラウンドを勝ち上がった5チームとACL2023/24ノックアウトステージに出場する川崎F、横浜FM、甲府を加えた8チームにより、ホーム＆アウェイ方式のトーナメント戦を行う。決勝は1試合のみで、90分間の試合を行い、勝敗が決しない場合は30分間の延長戦を行う。それでも勝敗が決しない場合はPK方式によって勝者を決定する。

北海道コンサドーレ札幌

アルビレックス新潟

浦和レッズ
FC東京
東京ヴェルディ
FC町田ゼルビア
鹿島アントラーズ
柏レイソル
川崎フロンターレ
横浜F・マリノス
湘南ベルマーレ

サンフレッチェ広島
京都サンガF.C.
ヴィッセル神戸
アビスパ福岡
サガン鳥栖
ガンバ大阪
セレッソ大阪
ジュビロ磐田

名古屋グランパス
［ホームタウン］
名古屋市、豊田市、みよし市を中心とする愛知県全域

熱狂が渦巻く非日常空間
豊田スタジアム
TOYOTA STADIUM

2001年に完成して以来、名古屋グランパスがホームスタジアムとして使用しています。4万人を収容し、サッカー等球技専用スタジアムとしては日本で2番目の大きさを誇ります。

2023シーズンは、5月3日（水・祝）に開催されたJ1リーグ第11節ヴィッセル神戸戦において、4年ぶりに4万人を超えた「4万789人」のお客さまにご来場いただきました。グランパスファミリーの熱狂渦巻く豊田スタジアムで、ぜひ非日常的な空間をお楽しみいただきながら、今シーズンも選手たちと共に闘ってください!

ACCESS ※各所要時間は目安であり、実際とは異なる場合があります。

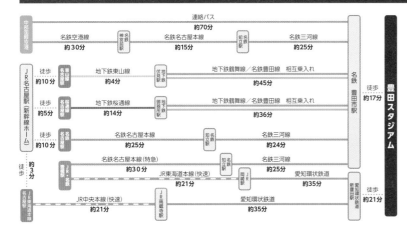

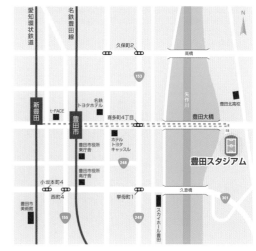

アクセス方法の詳細は名古屋グランパス公式サイト（https://nagoya-grampus.jp）にてご確認ください。

成長への糧となる場所
トヨタスポーツセンター
TOYOTA SPORTS CENTER

三好ケ丘駅から徒歩約15分の場所にある「トヨタスポーツセンター」にはクラブハウスとグラウンドが完備されており、選手たちが試合に向けて日々のトレーニングに励んでいます。訪れるサポーターのために「サポーター専用駐車場」や「サポーター観覧席」も用意されています。

2024シーズンの公開練習のスケジュールは、名古屋グランパス公式サイト等でご案内させていただきますので、ご確認のうえご来場ください。また、ファンクラブ会員向けのイベントなども開催していく予定です。

ACCESS ※各所要時間は目安であり、実際とは異なる場合があります。

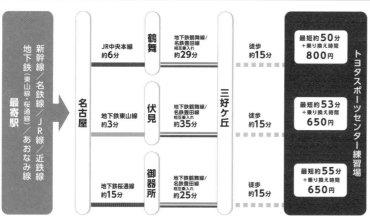

生まれ変わりつつある"聖地"
パロマ瑞穂スタジアム
PALOMA MIZUHO STADIUM

1994年から名古屋グランパスのホームスタジアムとして利用されてきました。クラブと共に歴史を歩んできた"聖地"です。グランパスに所属した歴代の選手たちが華麗に舞い、全力で闘い、グランパスファミリーと数々の思い出を共有してきました。

生まれ変わった姿がお披露目されるのは2026年予定。新たなスタジアムで、グランパスの新しい歴史が刻まれていくのを楽しみに待ちましょう。

©2021 (株)瑞穂LOOP-PFI
※画像はイメージです

名古屋グランパス 公式チアチーム

チアグランパス

名古屋グランパスの公式チアチーム「チアグランパス」は、
公式戦やホームタウンのさまざまなイベントで活動しています。
2024シーズンは新メンバー4名を加え、より一層華やかに。
力強いパフォーマンスでチームの勝利を後押しします！

2024シーズン チアグランパス メンバー

Leader

SHIHORI

Sub Leader

SAYAKA

Sub Leader

NAGISA

RIO

YUIKA

NANAKA

RIKO

MIYUI

Rookie

MAI

Rookie

SAYA

Rookie

MINAMI

Rookie

RII

LEADER's MESSAGE　SHIHORI

こんにちは！ チアグランパスリーダーの
SHIHORIです。今年はルーキーが4名加
入しました！ チームとしても新たな風を
吹かせ、さらに盛り上げていきます♥ ファ
ミリーの皆さん、私たちと共にグランパス
の勝利へ向けて駆け抜けましょう！ そして、
常に進化し続けるチアグランパスに注目
してくださいっ！ GO!! GRAMPUS♥

グランパスでスポーツ文化を広げる

名古屋グランパスは、1992年のサッカースクール開校以来、子どもたちにサッカーの楽しさを知ってもらうことを一番に考えてきました。これからも子どもたち一人ひとりの成長過程を尊重しながら、彼らが主体性を持って取り組めるようにサポートしていきます。そして、子どものサッカースクール以外にも、現在は「大人サッカースクール」や「チアダンススクール」などの活動を行っています。グランパスは、クラブを支えてくださる地域の皆さんのために、豊かなスポーツ文化の普及・発展に努めていきます。

新規入校の
お問い合わせはこちら

https://nagoya-grampus.jp/school/

各地域のサッカースクール ※ベーシッククラス

❶みよしスクール
[対象] 幼児（年中）〜中学生
[会場] 旭グラウンド、黒笹グラウンド、
トヨタスポーツセンター、
三好公園陸上競技場

❷豊田スクール
2024年度は「休校」となります。

❸瑞穂スクール
[対象] 幼児（年中）〜小学6年生
[会場] ブラザー工業 荒崎グラウンド
またはパロマ瑞穂スポーツパーク

❹港スクール
[対象] 小学1年生〜小学6年生
[会場] みなとアクルスUBフットサル場

❺名古屋WESTスクール
[対象] 幼児（年中）〜小学6年生
[会場] 名古屋WESTフットサルクラブ

❻名古屋北スクール
[対象] 小学1年生〜小学6年生
[会場] フットサルカフェエリア

❼岡崎スクール
[対象] 幼児（年中）〜小学6年生
[会場] 岡崎げんき館

❽栄スクール
[対象] 幼児（年中）〜小学6年生
[会場] 新栄フットサルアリーナ

❾岡崎南スクール
[対象] 幼児（年中）〜小学6年生
[会場] 暮らしの学校スポーツスクエア

❿口論義スクール
[対象] 幼児（年中）〜小学6年生
[会場] 愛知県口論義運動公園

⓫豊田土橋スクール
[対象] 幼児（年中）〜小学2年生
[会場] 豊田フットサルクラブ ルミナス

⓬トヨタスポーツセンタースクール
[対象] 小学3年生〜小学6年生（GK／ストライカーのみ）
中学1年生〜中学3年生（U15クラス）
[会場] トヨタスポーツセンター

⓭知多スクール
[対象] 幼児（年中）〜小学6年生
[会場] オーシャンズフィールド

⓮豊スタスクール
[対象] 幼児（年中）〜小学2年生
[会場] 豊田スタジアム北側芝生広場・室内アップ場

⓯日進市SCスクール 新規開校
[対象] 幼児（年中）〜小学2年生
[会場] 日進市スポーツセンター

チアダンススクール
[対象]
幼児（年中）〜大人（高校生以上）

[会場]
日進市スポーツセンター（第3競技場）2024年5月開校予定
愛知東邦大学 リズム実習室（B001）
MIZUHOスタジオ（パロマ瑞穂スポーツパーク内）
ショッピングセンターコスモ スポーツ教室
愛知県口論義運動公園
オレンジベルクリニック オレンジホール（蒲郡）
コナミスポーツクラブ豊田南
コナミスポーツクラブ豊田
ティップネスキッズ江南
ティップネスキッズ上飯田
スポーツクラブNAS大高
スポーツクラブNASサンマルシェ
スポーツクラブNAS稲沢

スーパークラス	アドバンスクラス	大人サッカースクール		
●口論義スクール	■みよしスクール	●名古屋WESTスクール	●口論義スクール	●豊田土橋スクール
	■名古屋WESTスクール	■トヨタスポーツセンタースクール	●知多スクール	

サマーキャンプ
スクール生たちの夏の恒例行事。大自然の中で、サッカーだけでなく野外活動や寝食を仲間と共にすることにより、主体性や協調性を育みます。

スクールマッチデー
スクール生同士による交流戦です。トップチーム試合前の豊田スタジアムのピッチという特別な舞台でプレーできることもあります。

大人サッカースクール
大人向けのサッカースクールです。未経験者や経験の浅い方に基礎的な技術を指導することで、サッカーの楽しさや親しみやすさを伝えています。

チアダンススクール
年中から大人まで、スタジアムでの出演に向けて楽しく笑顔でレッスンに取り組みます。スクール開催地が増え、より多くの方にご参加いただけます。

COACHING STAFF ※2024年2月1日現在

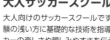

詳細なプロフィールはこちらから

スクールマスター
今井 位彦

浅野 浩孝

堀江 哲弘

池 昭憲

川村 剛

後藤 徳志

矢野 秀統

松木 良介

大野 勇貴

小倉 佑太

加藤 大智

青木 英人

今泉 純哉

青柳 駿

松尾 優希

髙妻 翔

濱 秀伍

松野 豪太

グランパスグッズが満載！

オフィシャルショップ「クラブグランパス」

2019年、名古屋市の大須商店街に12年ぶりに復活したオフィシャルショップ「クラブグランパス」。
定番グッズから、ここでしか買えない限定グッズまで、直接手に取って購入できます！！
伝統と最新のカルチャーが雑多に混じり合う大須商店街のど真ん中で、皆さんをお待ちしています！

ミズノコーナー

ウェアなどのチームアイテムはもちろん、カジュアルに着用できるミズノのインライン商品や普段使いできるアクセサリー類など、多数のアイテムを取りそろえています！

GRAPHOTO

クラブオフィシャルフォトグラファーが撮影した写真からお好きな選手の写真を選び、プリント写真やポスターを購入できます。専用端末により、その場でプリントできます。

Grampus in Life

「日常に、グランパスを。」をテーマに、日常使いが可能なベーシックデザインかつ、ジェンダーレスで老若男女問わずに着用していただけるサイズやデザインを展開しています。

圧着機コーナー

店内でユニフォームをご購入いただいたお客さまには、別途でナンバー圧着加工も行っています。希望するネーム＆ナンバーに在庫があれば即日の加工・お渡しが可能です！

ユニパッチン

大人気のユニパッチン。今年のユニフォームのキーホルダーをその場で作成できます。選手のネーム＆ナンバーはもちろんのこと、自分のネームを入れて作ることもできます。

クラブグランパス インフォメーション

［住所］
〒460-0011　愛知県名古屋市中区大須3-38-9

［アクセス］
地下鉄鶴舞線大須観音駅2番出口より徒歩5分
地下鉄名城線・鶴舞線上前津駅8番出口より徒歩5分
※駐車場はございません。公共交通機関をご利用ください。

［営業時間］11：00〜18：00

［定休日］月曜日、火曜日 ※祝日の場合は営業。

［お問い合わせ先］
webshop@nagoya-grampus-eight.co.jp

［グッズ担当公式Instagram］
nge_goods

［グッズ担当公式X］
@nge_goods

名古屋グランパスはSDGsの17のゴールのうち、特に以下の4項目に力を入れて取り組んでいます。

より良い世界のために――。SDGsへの取り組み

持続可能な社会の実現に向け、世界中で取り組みが進んでいるSDGs。名古屋グランパスでは、ホームタウンである愛知・名古屋を中心に、より一層住みやすい社会や環境をさまざまな方と一緒に作っていきます。

取り組みの詳細はこちら
https://nagoya-grampus.jp/club/sdgs/

名古屋グランパスSDGsアカデミー「地産地消カレー」プロジェクト

2022年から2023年のテーマは、持続可能な食産業モデルを見据えた「地産地消」です。愛知県は野菜の産出量が全国8位にも関わらず、野菜の摂取量はほぼ最下位。採れた野菜の多くを県外へ輸送し、フードマイレージの高い商品を生み出す構造になっています。CO_2排出を抑えるためにも地産地消が大切です。そんな課題の解消に向けて老若男女問わず人気のあるカレーに着目し、愛知県産の食材を使った地産地消レトルトカレーを作るプロジェクトをスタートさせました。

多様な協働者×U-18の共創

プロジェクト協働者は多様なメンバーが集まり、U-18選手との共創セッションをとおして共にプロジェクトを実践しました。U-18の高校生が中心となり、協働者のメンバーの方々と共に地産地消の学びからスタートし、体験・商品開発・販売企画・販売実施までのすべてを実践し、愛知の食材のおいしさを広めることを目指しました。

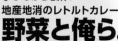

プロジェクト協働者

[共創パートナー] AZAPA株式会社（共創セッションの企画運営）
JAあいち経済連（農業体験・課題提供）
株式会社折兼（環境配慮食器提供）
[　共　催　] テレビ愛知（企画運営・番組製作）
[　協　力　] 株式会社エース（カレー監修、店舗販売企画）
愛知県（農業講座運営）

2022年 10月30日 炊飯体験

土鍋で愛知県産のお米「あいちのかおり」を炊飯し、カレーを食べました。

2023年 2月4日 収穫体験

地産地消カレーで使う「美トマト」の生産現場を訪問して生産者の方からお話をうかがい、糖度を測る体験や収穫したトマトの試食などをさせていただきました。

2月23日 試作・試食

愛知県産の具材をふんだんに使ったカレーの試食会を実施しました。

3月4日 交流フットサル 販売戦略
共創パートナーの皆さまとフットサルを行い、交流を深めるとともに、どこでどのように販売するのかを検討しました。

3月30日、4月24日 デザイン・ネーミング

パッケージデザイン、商品名を検討。商品名は「野菜と俺ら。」となりました。

5月13日 販売準備
スタジアムでの販売のやり方やそれぞれの役割分担を決めていきました。

6月18日 スタジアム販売

キッチンカーや特設グッズ売店で販売。900食が即完売となりました。

8月19日 店舗販売

北野エースの店舗にて試食販売を行い、約180食を販売しました。

10月28日 振り返り

1年間を振り返り、今回の学びを今後にどう生かすかを発表しました。

名古屋グランパス SDGsアカデミーとは

地域社会にはさまざまな課題があります。U-18選手が、参画いただいた企業やメディア、自治体等の立場や世代の異なる多様な方々との共創を通して地域課題に向けた企画・実践する場が「名古屋グランパスSDGsアカデミー」です。また、アカデミー選手にとっては、キャリア構築の初期に、今後訪れるアスリートとしてのピークからその先まで見据えた、一貫したキャリア感を持つことが大切であると考えています。

名古屋グランパスは地域の皆さまと共に地域課題に取り組みながら若者のキャリア形成の場を継続的に創っていきます。

2023年の主な取り組み実績

フードドライブ

食べきれず余っている食品を持ち寄り、生活に困っている個人や福祉団体に提供する「フードドライブ活動」を実施。リーグ第34節柏レイソル戦でブースを設置し食品を募りました。

グランパスくんのパソコンリサイクル

リネットジャパングループ株式会社と「グランパスくんのパソコンリサイクル」を展開。宅配便での無料回収に加え、試合会場にも携帯電話・スマートフォンの回収ボックスを設置しました。

「名古屋グランパス クラウドファンディング～スタジアムをまちをグランパスで染めよう2023～」アップサイクル
街中のフラッグやのぼりの掲出をサポートいただくクラウドファンディングの返礼品に、フラッグやスタジアム装飾で使用した生地を使って製作したアップサイクル商品を活用しました。

この街の想いがチカラになる。
ホームタウンとの取り組み

名古屋市 みよし市 豊田市

📍 サポートタウン

名古屋グランパスは愛知県商店街振興組合と協力し、ホームタウンである名古屋市、みよし市、豊田市を中心とする愛知県全域の皆さんの地元の街や商店街を元気にするサポートタウン事業に取り組んでいます。サポートタウンに加盟する25団体の皆さんを始めとする地域の方々と一体となり、行政と連携した事業や社会貢献活動などを積極的に実施しています。

2023年4月8日
ひびのコイまつり
日比野商店街

「ひびのコイまつり」の前日祭の催しとして、商店街内にある「熱田日比野場外市場 まぐろや」でグランパスくんのマグロ解体ショーを実施しました。

2023年8月5日〜9月3日
スマホでARスタンプラリー
東新商店街

「鯱の大祭典2023」の企画として、商店街の各所にARで出現する選手やマスコットとの写真を撮影できるARスタンプラリーを実施しました。

2023年9月18日
いきいき今池お祭りウィーク
今池商店街

グランパスOBの玉田圭司氏がトークショーを実施。玉田氏のサイン入りグッズが当たる大じゃんけん大会なども行い、大いに盛り上げました。

2023年12月17日
大須年末セール特別企画
大須商店街

毎年恒例である「大須年末セールイベント」に森下龍矢選手が出演。スペシャルトークショーやじゃんけん大会で来訪者と楽しく交流しました。

NAGOYA GRAMPUS SUPPORT TOWN

商店街名	所在地
今池商店街連合会	名古屋市千種区
東新商店街振興組合	名古屋市中区
藤が丘中央商店街振興組合	名古屋市名東区
柳原通商店街振興組合	名古屋市北区
瑞穂通商店街振興組合	名古屋市瑞穂区
仲田本通商店街振興組合	名古屋市千種区
大須商店街連盟	名古屋市中区
日比野商店街振興組合	名古屋市熱田区
柴田商店街振興組合	名古屋市南区
名古屋駅西銀座通商店街振興組合	名古屋市中村区
堀田本町商店街振興組合	名古屋市瑞穂区
一柳通商店街振興組合	名古屋市中川区
名古屋大須東仁王門通商店街振興組合	名古屋市中区
円頓寺本町商店街振興組合	名古屋市西区
円頓寺商店街振興組合	名古屋市西区
笠寺観音商店街振興組合	名古屋市南区
広小路名駅商店街振興組合	名古屋市中村区
広小路西通一丁目商店街振興組合	名古屋市中村区
西山商店街振興組合	名古屋市名東区
一宮市本町商店街	愛知県一宮市
半田市商店街連合会	愛知県半田市
品野商店街振興組合	愛知県瀬戸市
刈谷市南部商業発展会	愛知県刈谷市
安城市北明治商店街振興組合	愛知県安城市
愛商連豊田支部	愛知県豊田市

📍 GRAMPUS SOCIO PROJECT

2023年3月11日
未来を描く

2023年4月8日
ファミリーステートメントを検討する

2023年6月10日
新エンブレムのデザインコンセプト・プロトタイプの方向性の対話

2023年7月15日
新エンブレムのプロトタイプ評価

2023年12月10日
新エンブレム発表

グランパスに関わるさまざまな方と共にクラブの新しい未来を共創するプロジェクト「GRAMPUS SOCIO PROJECT」の第一弾として、クラブの「エンブレム」を新たに創りあげていきました。幅広い年代、応援歴、立場のグランパスファミリー約50名と、クラブや地域に縁のある有識者、クラブスタッフ、クリエイティブチーム、プロのファシリテーターが合計4回にわたるミーティングを行い、議論や検討を重ねながらアイデアを出し合い、新しいエンブレムの構想を練っていきました。そして12月10日、中部電力MIRAI TOWERをバックに新エンブレムがお披露目され、当プロジェクトも完了となりました。

⚲ ホームタウンでたくさんの連携をしました！

2023年2月16日
火災の知識を深める授業

名古屋市立堀田小学校にてパロマ、名古屋市消防局瑞穂消防署の協力で「火災の知識を深める授業」を行いました。

2023年2月18日
開幕戦パブリックビューイング

豊田市との共催でパブリックビューイングを開催。小雨が降る中、約100名が集まり選手たちに声援を送りました。

2023年4月28日
マンホールカード発行記念イベント

グランパスくんがデザインされたマンホールカードの発行が決定。グランパスくんが出演し記念イベントを行いました。

2023年5月6日
ゼロカーボントークショー

豊田市のとよた・ゼロカーボンネットワークと連携し、OBの杉本恵太氏、田中隼磨氏によるトークショーを行いました。

2023年5月20日
2023 Jリーグ シャレン! アウォーズ受賞
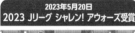

前年の「在留ブラジル人の子どもたちのお仕事体験」が受賞し、J1広島戦の試合前に受賞セレモニーが行われました。

2023年5月13日 / 2023年5月20日
在留ブラジルキッズによるお仕事体験

前年に引き続き実施。グランパスボランティアとの事前授業ではブラジル出身の3選手によるサプライズ訪問を受け、試合当日はボランティアのお仕事を体験し、日本語、ポルトガル語、英語が書かれたボードや横断幕を掲げて来場者を出迎えました。

2023年6月27日、7月17日
交通安全教室×サッカー教室

子どもたちの交通事故を減らすことを目的とし、みよし市立黒笹小学校と名古屋市立瑞穂ヶ丘中学校で実施しました。

2023年7月3日
春日井市制80周年 藤井選手母校訪問

藤井陽也選手が母校である春日井市立押沢台小学校を訪れ、児童たちと一緒に給食を食べるなどして交流を深めました。

2023年7月8日～9月2日
鯱の大祭典応援ユニフォーム着用

名古屋市交通局

豊田市環境部
地下鉄職員約2,000人が応援ユニフォームを着用。OBの玉田圭司氏が名古屋市交通局PRアンバサダーに就任しました。

7月28日とホームゲーム開催日直前のごみ収集日に、豊田市のごみ収集員約150人がユニフォームを着用しました。

2023年8月6日
第70回安城七夕まつり

金鯱グランパコちゃんとチアグランパスが参加。「シャチほこれ！グランパス音頭」などを披露して盛り上げました。

2023年8月18日
浦和戦パブリックビューイング

「にっぽんど真ん中祭り」とのコラボで、オアシス21にて和泉竜司選手と共に浦和戦を観戦。約400名が応援しました。

2023年8月19日、8月26日
あいちトップアスリートアカデミー食育講座

森裕子栄養アドバイザーによる講座「Jリーガーから学ぶジュニア期に必要な生活習慣と食事の選び方」を行いました。

2023年9月20日
楢﨑氏 小学校講演会

名古屋市立弥富小学校150周年記念として、OBの楢崎正剛氏が講演会「夢に向かって-road to dream-」を行いました。

2023年10月21日
第69回名古屋まつり

まつり行列の「フラワーカーパレード」にOBの玉田圭司氏とグランパスくんJr.が搭乗。パレードを盛り上げました。

2023年10月4日
愛知県警 攻めと守りのレッド作戦

愛知県警察地域部との協働で実施しました、攻めと守りでチームに貢献する和泉竜司選手が、地域の「守り」の要である「一日通信指令官」および常時警戒という「攻め」の要である「一日自動車警ら隊長」に就任し、安心・安全を呼び掛けました。

2023年10月28日
NTP名古屋トヨペットチャリティーイベント

秋の恒例イベントに丸山祐市選手と米本拓司選手が出演し、トークショーやチャリティーオークションを行いました。

2023年11月19日
在留外国人キッズ トークセッション

在留ブラジルキッズが日本でのキャリアを考えるトークセッションに、ターレス選手と佐々木トニー通訳が参加しました。

豊田スタジアム

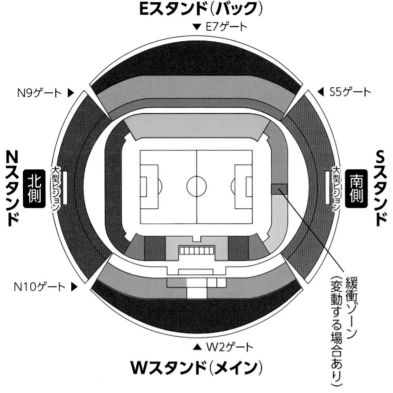

Eスタンド（バック）
▼ E7ゲート
N9ゲート ▶
◀ S5ゲート
N10ゲート ▶
Nスタンド 北側
Sスタンド 南側
大型ビジョン
大型ビジョン
緩衝ゾーン（変動する場合あり）
▲ W2ゲート
Wスタンド（メイン）

席　種		基本価格（税込）
ロイヤルシート		6,900円
SS指定席		5,400円
S指定席		4,400円
A指定席		3,800円
B指定席		3,800円
C指定席	大　人	3,800円
	小中高	1,900円
3階指定席	大　人	3,400円
	小中高	1,700円
4階指定席	大　人	3,000円
	小中高	1,500円
ゴール裏指定席北側	大　人	2,600円
	小中高	1,300円
ゴール裏指定席南側	大　人	2,400円
	小中高	1,200円
アウェイ指定席	大　人	2,600円
	小中高	1,300円
テーブル付きシート		8,000円
車椅子席・介添え	大　人	2,600円
	小中高	1,300円
ベビーカーファミリーシート	一区画	20,000円
バラ席当日引換券		2,000円

※2024シーズンはチケット販売において価格変動制「ダイナミックプライシング」を全試合に導入予定です。購入時によって記載の価格と異なる場合がございます。
※最前列席は、1階・2階ともに安全柵が視界に入りますのでご了承ください。
※チケット販売状況に応じてアウェイ指定席の観客席数が増減し、緩衝ゾーンが変動する場合がございますのでご了承ください。
※対戦相手によって、スタンドの通行を規制させていただく場合があります。
※運営プロトコルや収容制限により、価格・席割が変更となる場合があります。

ウェブでご購入

グランパス チケットストア

グランパス チケットストア
https://www.jleague-ticket.jp/club/ng/

電話でご購入

車椅子席・介添えのみ受付
グランパスチケットストア
TEL：052-308-8855
（平日11：00〜15：00　専用電話・オペレーター対応）

チケットに関するお問い合わせ

グランパスチケットストア
TEL：052-308-8855
（平日11：00〜15：00　専用電話・オペレーター対応）

グランパスからお得な情報や選手の動画が届く!

グランパスメルマガ配信中!

チケットの先行販売案内や残席情報

選手からの動画メッセージ

メルマガ限定のお得なクーポン

グッズ情報、イベント情報など

JリーグID登録（無料）をして、グランパスメルマガを受け取ろう!
※JリーグID登録画面にて「名古屋グランパス」をお気に入り登録してください。

Nagoya Grampus FanClub 2024

詳しくはWEBで。パンフレットもダウンロードできます！

会員特典一覧		プラチナ	ゴールド	レギュラー	キッズ	ルーキー
年会費		33,000円	11,000円	3,000円	3,000円	1,000円
チケット	「全席種招待券」2枚 [WEB事前申込み] ※1 ※2	●	●	−	−	−
	チケット割引クーポン NEW [WEB事前申込み] ※1 ※3 ※6	−	−	●3,000円	●3,000円	●500円
	プラチナ優先販売 ※4 ※5 ※6 ※21	●	−	−	−	−
	チケット超優先販売 ※4 ※5 ※6 ※21	●	●	−	−	−
	チケット優先販売 ※4 ※5 ※6 ※21	●	●	●	●	●
	ホームゲームチケット5%OFF	●	●	●	●	●
	シーズンチケット購入権	●	●	●	●	●
プレゼント	会員カード（会員証）RENEW ※7	●	●	●	●	●
	デジタル会員証	●	●	●	●	●
	マルチポーチ NEW or ミズノ製オリジナルレザーキーホルダー（キーリング付）※8 ※9	●	●	●	−	−
	ブランケット NEW or カジュアルトートバック or スクエアバックパック or メッセンジャーバック or シェルリュック ※8 ※9	●	●	●	−	−
	キッズリュックサック NEW or スクールバックセット NEW or キッズスクエアバックパック ※8 ※9	−	−	−	●	●
	オフィシャルイヤーブック [早期入会特典] ※10	●	●	●	−	−
	折りたたみエコバック RENEW [継続入会特典] ※11	●	●	●	●	●
	8年間継続記念品	●	●	●	●	●
	Forever8記念品	●	●	●	●	●
イベント	新体制発表会 超優先当選権 [早期入会特典][WEB事前申込み][抽選] ※10 ※12 ※13 ※14	●	−	−	−	−
	新体制発表会 優先当選権 [早期入会特典][WEB事前申込み][抽選] ※10 ※12 ※13 ※14	●	●	−	−	−
	新体制発表会 応募権 [早期入会特典][WEB事前申込み][抽選] ※10 ※12 ※13 ※14	●	●	●	●	●
	プラチナコース限定イベント参加応募権 [WEB事前申込み][抽選][会員証認証] ※12 ※13 ※14	●	−	−	−	−
	ホームゲームイベント応募権 [WEB事前申込み or 当日抽選][抽選][会員証認証] ※12 ※13 ※14	●	●	●	●	●
	来場プレゼント [会員証認証] ※15	●	●	●	●	●
	キッズ選手カード [会員証認証] ※16	−	−	−	●	●
	キッズがちゃ [会員証認証] ※16	−	−	−	●	●
	選手とふれあいサッカー応募権 [WEB事前申込み][抽選][会員証認証] ※12 ※13 ※14 ※17	●	●	●	●	●
	ファン感謝デー招待券 [WEB事前申込み][先着] ※6 ※13	●（2枚）	●（2枚）	−	●（1枚）	−
	ファン感謝デーチケット購入権 [WEB事前申込み] ※4 ※6 ※13	●	●	●	●	●
グッズ	My nameユニフォーム購入権 ※18	●	●	●	●	●
	ユニフォーム10%OFF ※19	●	●	●	●	●
	WEB SHOP送料無料 ※20	●	●	●	●	●
	グッズ先行販売 ※21 ※22	●	●	●	●	●
情報	試合メンバー表 [会員証認証]	●	●	●	●	●
	「月刊Grun」年間購読 ※23	●	−	−	−	−
	会報誌「Grafan」※23 ※24	●（郵送・WEB）	●（郵送・WEB）	●（WEB）	●（WEB）	●（WEB）
	GRAMPUS Information ※25	●	●	●	●	●
その他	ダイヤモンドパック購入権 [専用フォームのみ][WEB申込みのみ][数量限定抽選申込み制] ※26	●	●	●	●	●
	グランパスくんパック購入権 [1次募集:1,500名]	●	●	●	●	●
	INSIDE GRAMPUS年間視聴パス購入権 [WEB申込みのみ] ※27	●	●	●	●	●
	ハッピーバースデーグッズクーポン	●500円	●500円	−	−	−
	ハッピーバースデーメール ※28	●	●	●	●	●
	オフィシャルカード入会権 ※29	●	●	●	●	●
	ファンクラブガイド（WEB）	●	●	●	●	●
	名古屋ごはんパス（ライブドアグルメアプリ）	●	●	●	●	●
	マイページコンテンツ	●	●	●	●	●

招待券・クーポン券利用およびイベントに関しては万が一実施ができなかった場合でも、ファンクラブ会費の返金対象にはなりません。

必ずご確認ください。

※1：・「招待券」や「チケット割引クーポン」を使うには、WEBでの事前申込み（※取得）が必要です。
・Jリーグとルヴァンカップのホームゲーム（主催試合）が対象です。
・チケットへの引き換えをお約束するものではありません。販売しているチケット（席種）が完売となった場合はご利用いただけません。
・セブンイレブン限定シート・テーブル付きシート・アウェイ指定席など一部席種および追加販売、最終販売など一部販売再開時は対象外となります。
・QRチケットとなりますので、店頭発券は選択できません。
・招待券は2024シーズンのみ有効です。ご利用にならなかった場合でも、ファンクラブ会費の返金対象にはなりません。
・シリアルキーの発行にはお支払い完了後1週間ほどお時間が掛かります。あらかじめご了承ください（シーズン開始後入会の場合）。
・受付開始は年度開始一般販売の約1週間前となります。
※2：・販売開始期間が短い場合は、受付期間が短くなる場合があります。
※3：・割引クーポンコードの発行には、ファンクラブ会費お支払い完了後1週間ほどお時間が掛かります。あらかじめご了承ください（シーズン開始後入会の場合）。
・ファンクラブ割引クーポンの併用は可能ですが、各種優待特典、及び一部の企画チケットではご利用いただけません。
・チケット割引クーポンのご利用は1回限りとなります。複数回に分けてのご利用はいただけません。
・他のクーポンとの併用はできません。

・クーポン価格以下の購入でもクーポンはご利用いただけますが、お釣りは出ません。
・クーポンは購入時の合計額から、クーポン価格の割引がかかります。
・リセールチケットを購入する時にも、割引クーポンを使って割引購入することができます。
・単券購売変更（アップグレード）においては、割引クーポンをご利用いただくことができません。
・割引クーポンの適用対象はチケット金額のみのため、各種手数料は対象外となります。
※4：・購入枚数の制限を設ける場合があります。
※5：・ファンクラブ先行販売でチケットが完売の場合、一般販売はありません。
・チケットの販売期間が短い場合は、プラチナ優先・超優先・優先販売ともに、販売期間が短くなる場合があります。
※6：・チケット購入および招待券取得を約束するものではありません。
※7：・お届けまでに約1ヶ月お時間をいただきます（シーズン開始後の入会の場合）。
※8：・ご希望のグッズの中からお好きなものを一つずつお選びください。数量に限りがありますので、在庫がなくなった特典は変更できません。
※9：・お申込み後は他の特典への交換はできかねます。
※10：・早期入会特典は【2023/12/18（月）23:59】までに会費のお支払いが完了した方が対象となります。
※11：・2023シーズンファンクラブから継続してご入会いただいた方のみにプレゼントとなります。
※12：・2024シーズンの開催日および時期は未定です。万が一実施できなかった場合でも、ファンクラブ会費の返金対象にはなりません。
※13：・抽選方法はイベントごとに異なります。
※14：・応募方法および当選方法はイベントごとに異なります。
※15：・ご来場時に「ファンクラブブース」での「来場プレゼント」の来場認証が必要です。
※16：・ご来場時に「ファンクラブブース」での「キッズ特典」の来場認証が必要です。
※17：・対象コースの小学生のみ応募できます。
※18：・ユニフォーム・ネーム＆ナンバーのデザインは2023モデルとは異なります。

・FP1stユニフォームが対象となります。
・ニックネームのプリントをご希望の場合、ナンバーは「12」のみ、ネームはアルファベット大文字「A〜Z」、最大11文字となります。
・購入枚数はプラチナコース会員1人につき、1枚限りとさせていただきます。
・完全別注品となるため、納期は先行、一般とは異なります。詳しくはWEB SHOPでご確認ください。
・購入期間は【2024/8/31（土）】までとなります。
※19：・トレマッチユニフォーム、クラブユニフォームなどは対象外となります。WEB SHOP送料無料との併用はできません。
※20：・ユニフォーム10%OFFとの併用はできません。ただし、ユニフォームと同時注文される、その他商品（ネーム＆ナンバー加工は対象外）の合計金額が6,600円を超える場合は、送料が無料になります。
※21：・完売や予定数終了の場合は、先行期間中でも購入できない場合があります。
※22：・コースまたはバッグによって先行開始日を設定させていただく場合がございます。
※23：・入会時期により年間のお届け冊数は異なります。
※24：・年5回発行予定です。
※25：・配信は不定期です。メールの受信には、JリーグIDとの会員情報連携が必要です。
※26：・募集概要はプラチナコースにご入会いただいた方のみお申込みいただけます。
※27：・WEB SHOPでご利用いただけます。
・3,300円以上のご注文でご利用いただけます。送料・代引手数料は適用外です。
・クーポンの利用期限は、誕生月の前月1日に会費のお支払いが完了している方へのお届けとなります。
・一部ご利用いただけない商品がございます。
※28：・お誕生月の翌月1日に会費のお支払いが完了している方が対象となります。
※29：・カード発行にはクレジットカード会社の審査があります。
※掲載されている金額表示はすべて税込表示です。

いつ入会しても、年会費は同じ！お早めの入会がオススメだがね！

ファンクラブ入会方法　入会受付は2024/8/31（土）23:59まで

簡単＆オススメ

	方法	会費お支払い方法	決済手数料
WEB	パソコン・スマートフォンからお申込みできます。 https://ng.fan-engagement.com/	クレジットカード	無料
		コンビニ	220円
スタジアム	ホームゲーム開催日にファンクラブブースにお越しください。新規入会の場合は、公式サイトよりダウンロードいただける【入会申込書】をご記入のうえお持ちいただくと、お手続きがスムーズです。	現金	無料

●スタジアム来場予定がない場合、インターネット環境がなくWEBからの手続きができない場合には、郵送でもお申込みいただけます。（手数料550円／1件）詳細はチケットストア（052-308-8855／平日11:00〜15:00）までお問い合わせください。

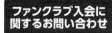

ファンクラブ入会に関するお問い合わせ

TEL. 050-2018-3902 月〜金〈祝日を除く〉10:00〜17:30
Mail. fanclub@nagoya-grampus-eight.co.jp
※ご返信にはお時間をいただきます。また、内容により、ご返答までお時間をいただきますので、あらかじめご了承ください。
※チケットやグッズなどに関するお問い合わせは、それぞれの窓口にお願いいたします。

株式会社 名古屋グランパスエイト
〒470-0344 愛知県豊田市保見町井ノ向57-230 トヨタスポーツセンター内
[公式サイト] https://nagoya-grampus.jp/fan/fanclub/

インサイド・グランパス
INSIDE GRAMPUS
https://inside.nagoya-grampus.jp/inside/

動画：試合後のコメントや対談、トレーニング風景など、オリジナル映像で選手の素顔に迫る！

INTERVIEW
カテゴリ：インタビュー

インタビュー：現役選手に加え、クラブOBや関係者へのインタビューを記事や動画で楽しめます。

REPORT
カテゴリ：レポート

レポート：試合やトレーニング、各種イベントに関連する選手・監督のコメントや独自情報が満載！

クラブのINSIDEからさまざまな情報を伝えるサイト。選手や監督へのインタビューや試合後のコメント、各種イベントや日々のトレーニングのレポートなど、名古屋グランパスの"今"に迫る最新情報をオリジナル動画や画像とともにお届けします！

QRでチェック

アプリ
OFFICIAL APP

グランパスの情報が一早く届く公式アプリ。チケットやイベント情報に加え、動画コンテンツも盛りだくさん！ App StoreとGoogle Playストアからダウンロードしてください！

QRでチェック

ウェブメディアで いつでもどこでも

グランパスの情報をゲット！

オフィシャルウェブサイト
OFFICIAL WEBSITE
https://nagoya-grampus.jp

試合や練習の情報、選手プロフィール、ニュースなど、グランパスに関するあらゆる情報が網羅されています！

オフィシャルウェブショップ
OFFICIAL WEB SHOP
https://webshop.nagoya-grampus.jp

ユニフォームをはじめとする応援グッズ、アパレル、コラボグッズや記念グッズまで、あらゆる商品を購入できます！

フェイスブック
Facebook
https://www.facebook.com/nagoya.grampus.official/

選手の移籍情報やクラブリリース、各イベントの画像など、内容の濃い最新情報を入手できます。

エックス
X

名古屋グランパス 公式
@nge_official

グランパスくん
@grampuskun_No1

画像や動画とともに、さまざまな情報を提供！ グランパスくんのアカウントもあります。

ユーチューブ
YouTube
https://www.youtube.com/user/NagoyaGrampus758

リーグ戦のハイライトやイベントの様子、オリジナル企画など、あらゆる動画を気軽に楽しむことができます。

ライン
LINE
ID:@nagoyagrampus

試合やイベントの情報、選手からのメッセージ動画などで、グランパスを身近に感じることができます。

インスタグラム
Instagram
ID:nagoyagrampus

試合やトレーニング中の真剣な表情や貴重なオフショットなど、選手の素顔に迫った画像が満載です！

NAGOYA
GRAMPUS

2023 SEASON REVIEW

2023
明治安田生命 J1 LEAGUE

明治安田生命J1リーグ
MEIJI YASUDA J1 LEAGUE

第1節 2月18日(土) | ニッパツ三ツ沢球技場
[キックオフ] 14:03 [観客] 11,186人 [天候] 晴 16.9℃
[主審] 池内 明彦 [副審] 大川 直也／塚田 智宏

| 横浜FC | 0 | 0/0
0/1 | 1 | 名古屋 |

得点 [4分] キャスパー ユンカー①

第2節 2月25日(土) | 豊田スタジアム
[キックオフ] 16:03 [観客] 21,327人 [天候] 晴 7.8℃
[主審] 今村 義朗 [副審] 日比野 真／赤阪 修

| 名古屋 | 1 | 0/0
0/1 | 0 | 京都 |

[62分] 永井 謙佑 得点

第3節 3月4日(土) | 駅前不動産スタジアム
[キックオフ] 15:04 [観客] 7,773人 [天候] 曇 19.7℃
[主審] 小屋 幸栄 [副審] 五十嵐 泰之／船橋 昭次

| 鳥栖 | 1 | 0/0
1/0 | 0 | 名古屋 |

[83分] 長沼 洋一 得点

第4節 3月12日(日) | 三協フロンテア柏スタジアム
[キックオフ] 15:03 [観客] 9,866人 [天候] 晴 18.4℃
[主審] 中村 太 [副審] 渡辺 康太／村井 良輔

| 柏 | 0 | 0/2
0/1 | 3 | 名古屋 |

得点 [41分] キャスパー ユンカー②
[52分] 永井 謙佑②
[70分] OG

第5節 3月18日(土) | 豊田スタジアム
[キックオフ] 14:03 [観客] 33,139人 [天候] 雨のち曇 14.0℃
[主審] 飯田 淳平 [副審] 聳城 巧／西尾 英朗

| 名古屋 | 0 | 0/0
0/0 | 0 | FC東京 |

得点

第6節 4月1日(土) | デンカビッグスワンスタジアム
[キックオフ] 14:03 [観客] 18,428人 [天候] 晴 14.6℃
[主審] 今村 義朗 [副審] 武部 陽介／岩嶋 創一

| 新潟 | 1 | 0/2
1/1 | 3 | 名古屋 |

[35分] 太田 修介 得点 [56分] 永井 謙佑③
[80分] キャスパー ユンカー③
[90+4分] 稲垣 祥①

第7節 4月9日(日) | 豊田スタジアム
[キックオフ] 15:03 [観客] 22,655人 [天候] 晴 16.2℃
[主審] 西村 雄一 [副審] 大塚 晴弘／森川 浩次

| 名古屋 | 0 | 0/0
0/0 | 0 | 浦和 |

得点

第8節 4月15日(土) | 等々力陸上競技場
[キックオフ] 15:04 [観客] 17,304人 [天候] 雨 15.4℃
[主審] 主審 福島 孝一郎 [副審] 渡辺 康太／道山 悟至

| 川崎F | 1 | 0/1
1/1 | 2 | 名古屋 |

[56分] 宮代 大聖 得点 [9分] キャスパー ユンカー④
[45+2分] マテウス カストロ①

第9節 4月23日(日) | 豊田スタジアム
[キックオフ] 15:03 [観客] 17,243人 [天候] 晴 20.1℃
[主審] 岡部 拓人 [副審] 浜本 祐介／塩津 祐介

| 名古屋 | 2 | 1/1
1/1 | 2 | 湘南 |

[41分] 森下 龍矢① 得点 [56分] 山田 直輝
[50分] 中谷 進之介① [80分] 町野 修斗

第10節 4月29日(土・祝) | 日産スタジアム
[キックオフ] 15:03 [観客] 33,048人 [天候] 晴 21.3℃
[主審] 山下 良美 [副審] 坊薗 真琴／手代木 直美

| 横浜FM | 1 | 1/0
1/0 | 1 | 名古屋 |

[72分] 喜田 拓也 得点 [41分] 森下 龍矢②

第11節 5月3日(水・祝) | 豊田スタジアム
[キックオフ]15：03 [観客]40,789人 [天候]晴 23.0℃
[主審]荒木 友輔 [副審]八木 あかね／和角 敏之

名古屋 2 vs 2 神戸

[73分]キャスパー ユンカー⑤　得点　[11分]大迫 勇也
[90+8分]藤井 陽也①　　　　　　[60分]佐々木 大樹

第12節 5月6日(土) | 豊田スタジアム
[キックオフ]19：03 [観客]28,613人 [天候]曇一時雨 21.9℃
[主審]山本 雄大 [副審]西橋 勲／穴井 千雅

名古屋 1 vs 0 G大阪

[67分]稲垣 祥②　得点

第13節 5月14日(日) | 国立競技場
[キックオフ]13：35 [観客]56,020人 [天候]曇 23.3℃
[主審]木村 博之 [副審]熊谷 幸剛／塚田 智宏

鹿島 2 vs 0 名古屋

[29分]鈴木 優磨　得点
[84分]知念 慶

第14節 5月20日(土) | 豊田スタジアム
[キックオフ]15：03 [観客]15,506人 [天候]晴 26.3℃
[主審]小屋 幸栄 [副審]淺田 武士／鈴木 規志

名古屋 2 vs 1 広島

[43分、48分]キャスパー ユンカー⑥⑦　得点　[37分]川村 拓夢

第15節 5月27日(土) | 札幌ドーム
[キックオフ]13：03 [観客]11,711人 [天候]屋内 23.5℃
[主審]池内 明彦 [副審]五十嵐 泰之／西村 幹也

札幌 1 vs 2 名古屋

[85分]金子 拓郎　得点　[1分]キャスパー ユンカー⑧
　　　　　　　　　　　[55分]マテウス カストロ②

第16節 6月3日(土) | 豊田スタジアム
[キックオフ]16：03 [観客]22,912人 [天候]晴 25.1℃
[主審]山本 雄大 [副審]大塚 晴弘／穴井 千雅

名古屋 3 vs 1 C大阪

[21分]和泉 竜司①　得点　[4分]カピシャーバ
[31分]丸山 祐市⑥
[43分]マテウス カストロ③

第17節 6月11日(日) | 豊田スタジアム
[キックオフ]16：03 [観客]13,992人 [天候]雨 21.7℃
[主審]川俣 秀 [副審]唐紙 学志／田中 利幸

名古屋 2 vs 1 福岡

[45分]マテウス カストロ④　得点　[65分]佐藤 凌我
[69分]キャスパー ユンカー⑨

第18節 6月24日(土) | 味の素スタジアム
[キックオフ]19：03 [観客]28,636人 [天候]晴 25.3℃
[主審]御厨 貴文 [副審]西橋 勲／平間 亮

FC東京 2 vs 0 名古屋

[18分、80分]ディエゴ オリヴェイラ　得点

第19節 7月1日(土) | 豊田スタジアム
[キックオフ]18：03 [観客]25,560人 [天候]雨 25.9℃
[主審]木村 博之 [副審]浜本 祐介／赤阪 修

名古屋 2 vs 0 川崎F

[41分]キャスパー ユンカー⑩　得点
[64分]和泉 竜司②

第20節 7月8日(土) | 豊田スタジアム
[キックオフ]18：03 [観客]29,743人 [天候]晴のち雨 29.3℃
[主審]荒木 友輔 [副審]聳城 巧／塚田 智宏

名古屋 2 vs 2 横浜FM

[8分]永井 謙佑④　得点　[28分]エウベル
[47分]キャスパー ユンカー⑪　　[35分]藤田 譲瑠チマ

第21節 7月16日(日) | サンガスタジアム by KYOCERA
[キックオフ]19：05 [観客]13,360人 [天候]晴 28.1℃
[主審]飯田 淳平 [副審]堀越 雅弘／穴井 千雅

京都 2 vs 1 名古屋

[13分]山﨑 凌吾　得点　[62分]和泉 竜司③
[90+2分]パトリック

第22節 8月5日(土) | 国立競技場
[キックオフ]19：04 [観客]57,058人 [天候]晴 30.2℃
[主審]山本 雄大 [副審]唐紙 学志／小﨑 久大

名古屋 1 vs 0 新潟

[14分]森下 龍矢③　得点

第23節 8月13日(日) 豊田スタジアム
[キックオフ] 18:03 [観客] 38,642人 [天候] 雨のち曇 28.3℃
[主審] 今村義朗 [副審] 三原 純／村井 良輔

名古屋 1 - 0 鹿島

[得点] [37分] 野上 結貴①

第24節 8月18日(金) 埼玉スタジアム2002
[キックオフ] 19:34 [観客] 32,578人 [天候] 晴 30.6℃
[主審] 池内 明彦 [副審] 西橋 勲／堀越 雅弘

浦和 1 - 0 名古屋

[得点] [11分] ホセ カンテ

第25節 8月26日(土) ヨドコウ桜スタジアム
[キックオフ] 19:33 [観客] 18,935人 [天候] 曇 28.9℃
[主審] 福島 孝一郎 [副審] 船橋 昭次／鈴木 規志

C大阪 3 - 1 名古屋

[得点] [9分、71分] 上門 知樹 [88分] 北野 颯太 / [12分] 森下 龍矢④

第26節 9月2日(土) 豊田スタジアム
[キックオフ] 18:03 [観客] 33,235人 [天候] 曇 29.9℃
[主審] 木村 博之 [副審] 五十嵐 泰之／道山 悟至

名古屋 1 - 1 横浜FC

[得点] [22分] 稲垣 祥③ / [86分] 高井 和馬

第27節 9月16日(土) ベスト電器スタジアム
[キックオフ] 19:05 [観客] 7,647人 [天候] 曇 28.7℃
[主審] 御厨 貴文 [副審] 大塚 晴弘／西村 幹也

福岡 1 - 0 名古屋

[得点] [84分] ウェリントン

第28節 9月23日(土・祝) 豊田スタジアム
[キックオフ] 16:05 [観客] 36,950人 [天候] 曇のち晴 26.7℃
[主審] 小屋 幸栄 [副審] 淺田 武士／阿部 将茂

名古屋 1 - 1 札幌

[得点] [50分] キャスパー ユンカー⑫ / [66分] 小林 祐希

第29節 9月30日(土) エディオンスタジアム広島
[キックオフ] 19:03 [観客] 17,728人 [天候] 曇 23.4℃
[主審] 上田 益也 [副審] 浜本 祐介／岩田 浩義

広島 3 - 1 名古屋

[得点] [72分] 加藤 陸次樹 [81分] ドウグラス ヴィエイラ [85分] エゼキエウ / [57分] キャスパー ユンカー⑬

第30節 10月21日(土) パナソニック スタジアム 吹田
[キックオフ] 14:03 [観客] 23,153人 [天候] 晴一時雨 19.2℃
[主審] 岡部 拓人 [副審] 淺田 武士／岩崎 創一

G大阪 0 - 1 名古屋

[得点] [26分] 藤井 陽也②

第31節 10月27日(金) 岐阜メモリアルセンター長良川競技場
[キックオフ] 19:04 [観客] 11,736人 [天候] 雨 14.7℃
[主審] 清水 勇人 [副審] 西橋 勲／眞網 貞大

名古屋 1 - 1 鳥栖

[得点] [65分] キャスパー ユンカー⑭ / [89分] 富樫 敬真

第32節 11月11日(土) レモンガススタジアム平塚
[キックオフ] 14:03 [観客] 11,227人 [天候] 曇 15.9℃
[主審] 西村 雄一 [副審] 五十嵐 泰之／穴井 千雅

湘南 2 - 1 名古屋

[得点] [15分、23分] 大橋 祐紀 / [63分] 久保 藤次郎①

第33節 11月25日(土) ノエビアスタジアム神戸
[キックオフ] 14:03 [観客] 27,898人 [天候] 晴 11.7℃
[主審] 清水 勇人 [副審] 三原 純／道山 悟至

神戸 2 - 1 名古屋

[得点] [12分] 井出 遥也 [14分] 武藤 嘉紀 / [30分] キャスパー ユンカー⑮

第34節 12月3日(日) 岐阜メモリアルセンター長良川競技場
[キックオフ] 14:48 [観客] 18,475人 [天候] 晴 9.1℃
[主審] 上田 益也 [副審] 日比野 真／岩崎 創一

名古屋 1 - 1 柏

[得点] [90+5分] キャスパー ユンカー⑯ / [71分] マテウス サヴィオ

2023 SEASON TOPICS

TOPIC 01 外国籍選手の最多出場記録更新

ランゲラック選手はJ1リーグ第13節の鹿島アントラーズ戦に先発出場し、リーグ戦での出場試合数を「185」としました。これはグランパスの外国籍選手として、ストイコビッチ氏の記録を抜いて最多。ストイコビッチ氏は8シーズンかけての記録達成でしたが、ランゲラック選手は6シーズン目でこの数字を上回ることになりました。ランゲラック選手はシーズン終了まで全試合に先発フル出場し、記録を「206」まで伸ばしました。

TOPIC 02 リーグ戦連続出場記録を更新

J1リーグ第18節のFC東京戦において、稲垣祥選手がJ1リーグ124試合連続出場のクラブ新記録を樹立しました。従来の記録は現アシスタントGKコーチの楢崎正剛氏が持つ123試合でした。稲垣選手は2020年の加入以来、リーグ戦で全試合に出場し、新記録樹立後も試合出場を続けていました。しかし第33節の試合でシーズン通算4回目の警告を受けて次節出場停止となり、記録は139試合でストップしています。

TOPIC 03 Jリーグ優秀選手賞に3人が選出

J1リーグ18クラブの監督および選手による投票結果をもとに選出される「2023 Jリーグ優秀選手賞」に、ランゲラック選手、藤井陽也選手、森下龍矢選手が選出されました。ランゲラック選手は守護神として全34試合に先発フル出場。藤井選手は34試合2得点、森下選手は33試合4得点の成績を残しました。ランゲラック選手は「このような賞に選んでいただきとてもうれしいです」とコメントしました。

2023 Jリーグ YBCルヴァンカップ
YBC Levain CUP

グループステージ 第1節 | 3月8日(水) | ノエビアスタジアム神戸
[キックオフ] 19:03 [観客] 4,084人 [天候] 晴 16.1℃
[主審] 荒木 友輔 [副審] 中野 卓／川崎 秋仁
神戸 0 [0/0] 2 名古屋
[得点] [23分、75分] 酒井 宣福①②

グループステージ 第2節 | 3月26日(日) | エディオンスタジアム広島
[キックオフ] 14:03 [観客] 8,807人 [天候] 曇一時雨 16.8℃
[主審] 木村 博之 [副審] 武田 光晴／堀越 雅弘
広島 1 [1/0] 2 名古屋
[得点] [29分] 川村 拓夢 [61分] 森下 龍矢① [63分] 永井 謙佑①

グループステージ 第3節 | 4月5日(水) | 豊田スタジアム
[キックオフ] 19:33 [観客] 6,465人 [天候] 曇のち雨 17.8℃
[主審] 上村 篤史 [副審] 唐紙 学志／岩田 浩義
名古屋 3 [1/2] 2 横浜FC
[得点] [45+1分、90分] 酒井 宣福③④ [78分] 永井 謙佑② [28分] 中村 拓海 [42分] 伊藤 翔

グループステージ 第4節 | 4月19日(水) | ニッパツ三ツ沢球技場
[キックオフ] 19:03 [観客] 2,818人 [天候] 晴 19.1℃
[主審] 池内 明彦 [副審] 日比野 真／梅田 智起
横浜FC 0 [0/0] 2 名古屋
[得点] [41分、52分] 貴田 遼河①②

グループステージ 第5節 | 5月24日(水) | 豊田スタジアム
[キックオフ] 19:33 [観客] 6,266人 [天候] 晴 21.0℃
[主審] 上田 益也 [副審] 日比野 真／内山 翔太
名古屋 0 [0/0] 1 神戸
[得点] [64分] リンコン

グループステージ 第6節 | 6月18日(日) | 豊田スタジアム
[キックオフ] 18:03 [観客] 7,806人 [天候] 晴のち曇 26.1℃
[主審] 中村 太 [副審] 松井 健太郎／道山 悟至
名古屋 2 [1/0] 1 広島
[得点] [37分] 和泉 竜司① [68分] 石田 凌太郎① [80分] 柴崎 晃誠

プライムステージ 準々決勝第1戦 | 9月6日(水) | 豊田スタジアム
[キックオフ] 19:33 [観客] 8,089人 [天候] 曇 26.1℃
[主審] 山本 雄大 [副審] 眞城 巧／穴井 千雅
名古屋 1 [0/0][1/1] 1 鹿島
[得点] [90+4分] 久保 藤次郎① [49分] 松村 優太

プライムステージ 準々決勝第2戦 | 9月10日(日) | 県立カシマサッカースタジアム
[キックオフ] 18:03 [観客] 14,310人 [天候] 晴 27.9℃
[主審] 西村 雄一 [副審] 日比野 真／岩﨑 創一
鹿島 1 [1/0][0/1][0/1] 2 名古屋
[得点] [51分] 仲間 隼斗① [3分] 中島 大嘉① [119分] 吉田 温紀①

プライムステージ 準々決勝第1戦 | 10月11日(水) | ベスト電器スタジアム
[キックオフ] 19:03 [観客] 6,980人 [天候] 晴 21.4℃
[主審] 飯田 淳平 [副審] 眞城 巧／坊蘭 真琴
福岡 1 [0/0][1/0] 0 名古屋
[得点] [45+3分] 鶴野 怜樹

プライムステージ 準々決勝第2戦 | 10月15日(日) | 豊田スタジアム
[キックオフ] 15:03 [観客] 24,876人 [天候] 晴 21.5℃
[主審] 今村 義朗 [副審] 武部 陽介／森川 浩次
名古屋 0 [0/0][0/1] 1 福岡
[得点] [5分] ウェリントン

天皇杯

第103回 天皇杯
THE 103rd EMPEROR'S CUP

2回戦 | 6月7日(水) | パロマ瑞穂ラグビー場
[キックオフ] 19:00 [観客] 5,340人 [天候] 晴時々曇 25.3℃
[主審] 大坪 博和 [副審] 村井 良輔／中澤 涼
名古屋 3 [3/0][0/2] 2 三重
[得点] [2分] 野上 結貴① [35分] 藤井 陽也① [42分] 貴田 遼河③ [71分] 田村 翔太 [76分] 梁 賢柱

ラウンド16 | 8月2日(水) | CSアセット港サッカー場
[キックオフ] 19:03 [観客] 6,975人 [天候] 晴 29.8℃
[主審] 岡部 拓人 [副審] 野村 修／西村 幹也
名古屋 3 [1/2] 0 浦和
[得点] [25分] マテウス カストロ② [75分] キャスパー ユンカー① [84分] 和泉 竜司①

準々決勝 | 8月30日(水) | 三協フロンテア柏スタジアム
[キックオフ] 19:03 [観客] 6,156人 [天候] 晴 28.8℃
[主審] 飯田 淳平 [副審] 熊谷 幸剛／梅田 智起
柏 2 [0/0][2/0] 0 名古屋
[得点] [69分] 戸嶋 祥郎 [90+2分] マテウス サヴィオ

3回戦 | 7月12日(水) | CSアセット港サッカー場
[キックオフ] 19:00 [観客] 3,423人 [天候] 曇 26.6℃
[主審] 清水 勇人 [副審] 日比野 真／内山 翔太
名古屋 1 [0/0][0/1][延長 1/0 0/0][PK 4/1] 1 仙台
[得点] [99分] マテウス カストロ① [105分] 菅原 龍之助

2023 明治安田生命J1 LEAGUE
年間順位表

		神戸 H	神戸 A	横浜FM H	横浜FM A	広島 H	広島 A	浦和 H	浦和 A	鹿島 H	鹿島 A	名古屋 H	名古屋 A	福岡 H	福岡 A	川崎F H	川崎F A	C大阪 H	C大阪 A	新潟 H	新潟 A	FC東京 H	FC東京 A	札幌 H	札幌 A	京都 H	京都 A	鳥栖 H	鳥栖 A	湘南 H	湘南 A	G大阪 H	G大阪 A	柏 H	柏 A	横浜FC H	横浜FC A	勝点	勝	分	敗	得点	失点	得失点
1	ヴィッセル神戸	—	—	●	○	○	●	○	●	●	○	△	○	○	○	●	○	○	○	○	○	○	○	○	○	○	○	○	○	○	○	○	○	○	○	○	○	71	21	8	5	60	29	31
2	横浜F・マリノス	●	●	—	—	●	△	△	○	○	●	○	●	○	○	○	○	●	○	○	○	○	○	○	○	○	○	●	○	○	○	○	○	○	○	○	●	64	19	7	8	63	40	23
3	サンフレッチェ広島	●	○	△	●	—	—	△	△	○	△	○	●	●	○	○	○	●	○	●	○	○	○	○	○	●	○	○	○	○	○	●	○	○	○	△	○	58	17	7	10	42	28	14
4	浦和レッズ	●	○	●	△	△	△	—	—	●	○	△	○	○	○	●	○	○	△	○	○	○	●	○	○	○	●	○	○	○	△	○	○	○	△	○	△	57	15	12	7	42	27	15
5	鹿島アントラーズ	●	○	○	●	●	△	○	●	—	—	△	●	○	△	○	○	●	●	○	○	○	△	○	△	○	●	●	○	○	○	○	○	○	△	○	○	52	14	10	10	43	34	9
6	名古屋グランパス	△	●	○	●	○	●	●	△	●	○	—	—	●	○	○	○	△	○	○	△	○	●	○	●	△	○	○	●	○	○	○	○	△	●	○	○	**52**	**14**	**10**	**10**	**41**	**36**	**5**
7	アビスパ福岡	●	○	●	△	●	○	●	●	○	△	●	○	—	—	●	●	○	○	○	○	●	○	●	○	●	●	○	●	○	○	△	○	○	●	○	○	51	15	6	13	37	43	-6
8	川崎フロンターレ	●	○	●	●	●	●	●	○	●	○	●	○	○	○	—	—	○	○	○	△	△	○	○	●	●	○	○	○	○	○	○	△	○	○	○	●	50	15	5	12	51	45	6
9	セレッソ大阪	●	●	●	○	●	○	△	●	○	●	●	△	●	●	●	●	—	—	○	○	○	○	○	○	○	○	○	△	○	○	○	○	●	○	●	○	49	15	4	15	39	34	5
10	アルビレックス新潟	●	△	●	●	●	○	△	●	●	○	△	●	●	●	△	●	●	●	—	—	○	○	○	△	○	△	○	○	○	○	○	○	○	○	○	○	45	11	12	11	36	40	-4
11	FC東京	●	●	●	●	●	●	●	○	●	△	●	○	○	●	●	△	●	●	●	●	—	—	△	○	○	●	○	●	○	○	○	○	○	△	○	○	43	12	7	15	42	46	-4
12	北海道コンサドーレ札幌	●	●	●	●	●	●	●	●	●	△	○	●	○	●	○	△	●	●	△	●	●	△	—	—	○	○	○	○	○	○	●	○	○	○	○	○	40	10	10	14	56	61	-5
13	京都サンガF.C.	●	●	●	●	●	○	●	△	●	○	●	△	○	●	●	●	●	●	●	△	●	○	●	●	—	—	○	○	○	○	○	○	○	△	○	○	40	12	4	18	40	45	-5
14	サガン鳥栖	●	●	○	△	●	●	●	●	○	●	○	●	○	●	●	●	△	●	●	●	●	○	●	●	●	●	—	—	○	△	○	○	○	○	○	○	38	9	11	14	43	47	-4
15	湘南ベルマーレ	△	●	●	●	●	●	△	●	●	●	●	●	●	○	●	●	△	●	●	●	●	●	●	●	●	●	△	●	—	—	○	○	○	○	○	○	34	8	10	16	40	56	-16
16	ガンバ大阪	●	●	●	●	●	●	△	●	●	●	●	●	△	●	●	●	●	●	●	●	●	●	○	●	●	●	●	●	●	●	—	—	○	○	○	○	34	9	7	18	38	61	-23
17	柏レイソル	●	△	●	●	●	●	△	●	●	●	○	△	●	●	●	●	○	●	●	●	●	●	●	●	△	●	●	●	●	●	●	●	—	—	○	○	33	6	15	13	33	47	-14
18	横浜FC	●	●	●	○	●	△	△	●	●	●	●	●	●	●	○	●	●	○	●	●	●	●	●	●	●	●	●	●	●	●	●	●	●	●	—	—	29	7	8	19	31	58	-27

ダイヤモンド

(株)アイシン

AICHI TOYOTA
愛知トヨタ((株)ATグループ)

興和(株)

東海東京証券(株)

TOYOTA
トヨタ自動車(株)

豊田通商
豊田通商(株)

TS CUBIC CARD
トヨタファイナンス(株)

トヨタホーム
トヨタホーム(株)

ぴあ
ぴあ(株)

(株)プロトコーポレーション

MIZUNO
ミズノ(株)

矢作建設
矢作建設工業(株)

Ponta
(株)ロイヤリティ マーケティング

ワークスタッフ
(株)ワークスタッフ

プラチナ

NTP GROUP
NTPグループ

ORDER SUIT SADA
(株)オーダースーツSADA

KiNTO
(株)KINTO

MOVIX三好
(株)松竹マルチプレックスシアターズ

守りの名手 セノン
(株)セノン

セブン-イレブン
(株)セブン-イレブン・ジャパン

DAIHATSU
ダイハツ工業(株)

コミュファ
中部テレコミュニケーション(株)

Duplo
デュプロ販売株式会社
デュプロ販売(株)

Nishitetsu Group 西鉄旅行
西鉄旅行(株)

NIYU
(株)二友組

NEXTEP SOLUTIONS
(株)ネクステップ・ソリューションズ

HINO
日野自動車(株)

ひまわりネットワーク
ひまわりネットワーク(株)

明治安田生命
明治安田生命保険相互会社

UCC
UCC上島珈琲(株)

ゴールド

SPORTS DEPO
(株)アルペン

ikuta corporation
(株)イクタ

論吉のからあげ
(株)オフィスクリエイト

K LINE
川崎汽船(株)

kawamura
河村電器産業(株)

キクチメガネ
(株)キクチメガネ

KATCH CCNet Green City
(株)コミュニティネットワークセンター

三幸電子
三幸電子(株)

チェリオ
チェリオグループ

東海ろうきん
東海労働金庫

東洋グリーン株式会社
東洋グリーン(株)

TOYOTA FUDOSAN
トヨタ不動産(株)

NAGATA
長田広告(株)

日本郵船
日本郵船(株)

PHILIPS
(株)フィリップス・ジャパン

HOT STAFF
(株)ホットスタッフ

マイナビ
(株)マイナビ

(株)松浦商店

madras
マドラス(株)

LaLaport
三井ショッピングパーク ららぽーと

MS&AD 三井住友海上
三井住友海上火災保険(株)

名南精密製作所
(株)名南精密製作所

YOUTH GROUP
(株)ユース

LAND CARRY
(株)ランドキャリー

ReNet.jp
リネットジャパングループ(株)

シルバー

あいおいニッセイ同和損保(株)	(株)愛幸発條	愛三工業(株)	(公社)愛知県宅地建物取引業協会	AVIREX	(株)青柳総本家	akippa(株)
アサヒビール(株)	(株)アスリート	あつたの杜 整形外科 スポーツクリニック	(株)ECC	イチビキ(株)	一誠茶園(イッセイコンサルティング)	(株)伊藤工務店
(株)伊藤超短波	(株)イノアックコーポレーション	(有)インターフローラ	(株)ウェルビー	(株)ウップスプランニング	(株)FTS	(株)大林組
岡谷鋼機(株)	沖縄トヨタグループ	小野電気(株)	加茂精工(株)	鬼頭工業(株)	(株)キネカ	(株)協豊製作所
共和産業(株)	(株)グラフィック	(株)Grand Central	クロスプラス(株)	(有)ケーフォー(フォレスト調剤薬局)	(株)コーワメックス	こうべ歯科医院
コカ・コーラ ボトラーズジャパン(株)	小島プレス工業(株)	小松開発工業(株)	(株)コメ兵	栄屋乳業(株)	(株)桜デザイン	(有)ザットインターナショナル
(株)三洋堂ホールディングス	(株)シーソーゲーム	JT愛知支社	資生堂ジャパン 中部営業本部	シバタ貿易(株)	清水建設(株)	JOYSOUND
(株)商船三井	積水樹脂(株)	(株)ソウワ	(株)Sonoligo	太啓ホールディングス(株)	大正製薬(株)	大豊工業(株)
(株)竹中工務店	チャコット(株)	中部国際空港(株)	中部大学	(同)DMM.com	(株)TCG	(株)テツ コーポレーション
東京海上日動火災保険(株)	東洋工業(株)	(株)トーエネック	豊田鉄工(株)	トリニティ工業(株)	中西総合運輸(株)	ナガイホールディングス(株)
(株)ナゴデンシステム	(株)ナゴヤギア	(一社)ナゴヤハウジングセンター	名古屋リゾート&スポーツ専門学校	西尾レントオール(株)	ニチバン(株)	(株)NIPPO
日本福祉大学	日本郵便(株)	(株)浜乙女	(株)バローホールディングス	(株)パロマ	フォッグ(株)	(株)プラス
ボートレースとこなめ	(株)ほっかほっか亭総本部	ポッカサッポロフード&ビバレッジ(株)	マスプロ電工(株)	松永製菓(株)	(株)松本義肢製作所	(株)三笠製作所
御幸ハウジング(株)	(株)ユーハイム	(株)YOROZU	ランドマークス(株)	ルーセント歯科・矯正歯科	(株)若鯱家	

ブロンズ

愛知日野自動車(株)	(株)石原組	エバイス(株)	(株)沖縄ポッカコーポレーション	(株)上組	キムラユニティー(株)
(株)クラチスタジオ	(株)高速	(株)GOLD	コモ・スクエア	近藤産興(株)	三栄工業(株)
(株)三五	新明工業(株)	(株)タスクールPlus	中日コプロ(株)	(株)槌屋	トヨフジ海運(株)
(株)中村製作所	(公社)名古屋青年会議所	(有)Bird Man	(株)ハブ	林テレンプ(株)	フタバ産業(株)
豊栄交通(株)	マルヤス工業(株)	万能工業(株)	(株)メイドー		

2024シーズン 名古屋グランパス 出資会社

(株)アイシン	愛知製鋼(株)	(株)ジェイテクト	(株)大丸松坂屋百貨店	(株)中日新聞社
中部電力(株)	(株)デンソー	(株)東海理化	東海旅客鉄道(株)	東邦ガス(株)
豊田合成(株)	トヨタ車体(株)	トヨタ自動車(株)	(株)豊田自動織機	豊田通商(株)
トヨタ紡織(株)	(株)名古屋銀行	名古屋鉄道(株)	(株)ノリタケカンパニーリミテド	(株)三菱UFJ銀行

【あ】

株式会社RW
株式会社アーレスティ
株式会社アイアンドエス・ビービーディオー
株式会社IEC
あいおいニッセイ同和損害保険株式会社
愛鋼株式会社
アイコーサービス株式会社
株式会社アイシン
株式会社アイシン・ロジテクサービス
アイシン開発株式会社
アイシン化工株式会社
アイシン機工株式会社
アイシン軽金属株式会社
株式会社アイシン・コラボ
アイシン辰栄株式会社
アイシン高丘株式会社
株式会社アイシン・デジタルエンジニアリング
株式会社アイシン福井
株式会社アイセロ
公益財団法人愛知県サッカー協会
愛知県商店街振興組合連合会
アイチ情報システム株式会社
愛知製鋼株式会社
愛知ダイハツ株式会社
愛知トヨタ労働組合
愛知皮革工業株式会社
愛知日野自動車株式会社
株式会社愛知フットボールクラブ
アイチ物流株式会社
株式会社愛明社
株式会社青山製作所
株式会社アキズファイブ
あきもと法律事務所
合同会社アクアフーズ
浅井鉄工株式会社
ASANO
朝日ヶ丘運輸株式会社
朝日総業株式会社
株式会社アスクール
株式会社アスデックス
株式会社アスパスマーケティング
あつたの杜 整形外科スポーツクリニック
株式会社アップルワールド
株式会社アドヴィックス
アドバン
株式会社アドプランナー
株式会社荒井製作所
有限会社荒川屋
株式会社アラキ製作所
株式会社イシダナゴヤ
株式会社井高
一栄工業株式会社
株式会社伊藤工務店
稲熊プレス工業株式会社
株式会社イノアックコーポレーション
株式会社井上硝子店
イビデン株式会社
医療法人すまいる皮フ科クリニック
有限会社withCUP
株式会社ウイルコーポレーション
上原工業株式会社
ウチダ株式会社
株式会社Umi Tourism
梅村工業株式会社
エイチユアース株式会社
株式会社エイペクス

株式会社エイワ
株式会社ATグループ
株式会社ADKマーケティング・ソリューションズ
株式会社エス・ヌ・ビー
NTP名古屋トヨペット株式会社
有限会社エピオン
株式会社FTS
株式会社エム・アイ・ピー
近江鉱業株式会社
株式会社大垣共立銀行 豊田支店
大島造園土木株式会社
大須商店街連盟
株式会社オーダースーツSADA
太田商事株式会社
太田油脂株式会社
大橋鉄工株式会社
株式会社大林組名古屋支店
株式会社オービックオフィスオートメーション
株式会社オービックビジネスコンサルタント
大府歯科クリニック
株式会社岡崎設計
オカダ産業株式会社
岡谷鋼機株式会社
株式会社オティックス
小野電気株式会社
尾張精機株式会社

【か】

海洋ゴム株式会社
有限会社学園サービス
株式会社覚王山
加藤産業株式会社
CAFE DE SMILEY DOGS
株式会社上組
神谷組工業株式会社
加茂商事株式会社
カリツー株式会社
カリモク家具株式会社
川北電気工業株式会社
川崎設備工業株式会社
株式会社カワタ金属
株式会社技研システック
絆ウェルド株式会社
株式会社吉香
株式会社協豊製作所
協和工業株式会社
共和産業株式会社
キリンビール株式会社
株式会社きんでん中部支社
株式会社グッドライフデザイン
株式会社クラチスタジオ
クリヤマジャパン株式会社
株式会社黒田設備設計
黒部護弘税理士事務所
株式会社桑原
K's カンパニー
K's Pit DINER
有限会社ケーフォー
KEBAB TIME
株式会社建重製作所
有限会社広告コンサルタント
株式会社高速 中京営業部
光南工業株式会社
興和株式会社
幸和工業株式会社
株式会社興和工業所
株式会社コーワメックス

小島プレス工業株式会社
コスモ工機株式会社
有限会社児玉印刷
小西・中村特許事務所
株式会社コバック
小林建設株式会社
株式会社コベルク
小松運輸株式会社
小松開発工業株式会社
コミュニティネットワーク株式会社
株式会社コメ兵
株式会社金剛製作所
近藤産興株式会社
近藤精工株式会社

【さ】

株式会社サード
坂上建設株式会社
榊原産業株式会社
さくらプロセス株式会社
株式会社サトー
株式会社三安堂
三栄工業株式会社
株式会社サンエス
三機工業株式会社
三協株式会社
三京アムコ株式会社
株式会社三恵シーアンドシー
株式会社三進製作所
サンタック株式会社
株式会社サンデーフォークプロモーション
株式会社サン電材社
サンワインダストリー株式会社
三和電気土木工事株式会社
CSアセット株式会社
株式会社ジーエスエレテック
株式会社シーソーゲーム
株式会社シーテック
株式会社CBCテレビ
ジェイアール東海建設株式会社
JFEスチール株式会社
株式会社ジェイテクト
株式会社ジェイテクトグラインディングツール
株式会社ジェイブリッジ
株式会社ZIP-FM
シナジーマーケティング株式会社
清水建設株式会社
株式会社ジャパン・パッケージ
株式会社シンテックホズミ
新東工業株式会社
株式会社新東通信
株式会社陣内工業所
医療法人Jinぴくしぃ整形外科
新明工業株式会社
新和商事株式会社
新和薬品株式会社
株式会社杉浦製作所
株式会社鈴木室内装飾
鈴木辻村公認会計士共同事務所
有限会社鈴木ファーム
通販商店すずや
スタンレー電気株式会社
株式会社スポーツ・ソリューション・インターナショナル
スポーツプラザトキワ株式会社
住友ゴム工業株式会社
住友電装株式会社
住友理工株式会社

株式会社西三交通
セイユーコンサルタント株式会社
株式会社セイリョウライン
株式会社セノン
株式会社SOKEN

【た】

太啓ホールディングス株式会社
株式会社大幸
大興運輸株式会社
大東工業株式会社
大同特殊鋼株式会社
ダイハツ工業株式会社
太美工芸株式会社
太平ビルサービス株式会社
太平洋工業株式会社
大豊工業株式会社
株式会社大丸松坂屋百貨店
太陽化学株式会社
太洋商事株式会社
ダイレクトメール代行株式会社
株式会社高木製作所
株式会社高村鉄工所
瀧冨工業株式会社
株式会社タキモト
武田機工株式会社
株式会社武田不動産事務所
株式会社竹中工務店
たこ本舗
舘ハートクリニック
辰巳屋興業株式会社
株式会社Danahk
田中工業株式会社
タロウズ株式会社
チケットぴあ名古屋株式会社
株式会社チタ製作所
中央紙器工業株式会社
中央精機株式会社
中央電気工事株式会社
中京テレビ放送株式会社
中電不動産株式会社
中日サービス株式会社
株式会社中日新聞社
中部国際空港株式会社
有限会社中部地パン改良
中部消防設備株式会社
中部電力株式会社
株式会社中部ユニオン
中庸スプリング株式会社
千代田合成株式会社
株式会社槌屋
槌屋デカル工業株式会社
TGウェルフェア株式会社
TGサービス株式会社
TGメンテナンス株式会社
株式会社ティップネス
貞宝工業株式会社
株式会社ティラド
テクノエイト株式会社
株式会社テツ・コーポレーション
デュプロ販売株式会社
株式会社TERU
テレビ愛知株式会社
株式会社デンソー
株式会社デンソーエレクトロニクス
株式会社デンソークリエイト
株式会社デンソーテン

株式会社デンソートリム
株式会社電通
株式会社電通名鉄コミュニケーションズ
東亜道路工業株式会社
東栄株式会社
東海移動販売車組合
東海カーボン株式会社
東海学園大学同窓会
東海興業株式会社
有限会社東海スポーツフィールド
株式会社東海通信社
東海鉄工株式会社
東海テレビ放送株式会社
東海ラジオ放送株式会社
株式会社東海理化
東海理化エレテック株式会社
株式会社東海理化クリエイト
東海理化サービス株式会社
東海理化NExT株式会社
東海旅客鉄道株式会社
東京海上日動火災保険株式会社
東警株式会社
株式会社東郷製作所
東信化成株式会社
東邦液化ガス株式会社
学校法人東邦学園愛知東邦大学
東邦ガス株式会社
東邦ガス情報システム株式会社
東邦不動産株式会社
東名ホームズ株式会社
株式会社東陽
東洋グリーン株式会社
東洋工業株式会社
株式会社トーエネック
株式会社トーカイネクスト
医療法人とこなめ整形外科
トピックス株式会社
株式会社トヨタアカウンティングサービス
トヨタL&F中部株式会社
トヨタL&F東京株式会社
株式会社トヨタエンタプライズ
豊田化学工業株式会社
トヨタカ産業株式会社
トヨタカローラ愛知株式会社
トヨタカローラ名古屋株式会社
豊田カントリー倶楽部
豊田警備業協同組合
豊田合成日乃出株式会社
豊田合成株式会社
豊田市駅前通り南開発株式会社
豊田市職員互助会
豊田市職員名古屋グランパスサポーターズクラブ松々塾
株式会社トヨタシステムズ
トヨタ自動車株式会社
株式会社豊田自動織機
株式会社豊田自動織機ITソリューションズ
トヨタ車体株式会社
豊田信用金庫
株式会社豊田スタジアム
豊田スチールセンター株式会社
トヨタすまいるライフ株式会社
トヨタ生活協同組合
豊田石油株式会社
豊田総合ビルメンテナンス協同組合
豊田段ボール工業株式会社
株式会社豊田中央研究所
株式会社トヨタ中央自動車学校

豊田通商株式会社
豊田鉄工株式会社
豊田電気株式会社
豊田東海警備株式会社
トヨタファイナンシャルサービス株式会社
トヨタファイナンス株式会社
トヨタ不動産株式会社
有限会社長生軒 豊田プレステージホテル
株式会社トヨタプロダクションエンジニアリング
トヨタ紡織株式会社
トヨタホーム株式会社
豊田まちづくり株式会社
株式会社トヨタモータース
豊田油気株式会社
トヨタ輸送株式会社
株式会社トヨタレンタリース愛知
株式会社トヨタレンタリース名古屋
豊通オートモーティブクリエーション株式会社
豊通鋼管株式会社
株式会社豊通シスコム
豊通ファシリティーズ株式会社
豊通物流株式会社
豊臣機工株式会社
トヨフジ海運株式会社
トリニティ工業株式会社

【な】
中川給食株式会社
株式会社中久フードサービス
中日本装備株式会社
中根管工株式会社
中野製作所株式会社
株式会社中村製作所
中屋商事株式会社
株式会社名古屋隔離板製作所
株式会社ナゴヤギア
株式会社名古屋銀行
株式会社名古屋交通開発機構
名古屋鉄道株式会社
名古屋テレビ塔株式会社
名古屋テレビ放送株式会社
名古屋東部陸運株式会社
名古屋特殊鋼株式会社
有限会社ナムソン
南星キャリックス株式会社
錦産業株式会社
一般社団法人日独スポーツアカデミー協会
ニチバン株式会社
有限会社ニッケイ
日晶電機株式会社
日本製鉄株式会社
日本特殊陶業株式会社
日本発条株式会社
日本ガイシ株式会社
株式会社日本クリーナー
日本レヂボン株式会社
株式会社ネオパブリシティ
ネッツトヨタ中部株式会社
野村證券株式会社
野村證券株式会社 豊田支店
野本会計事務所
株式会社ノリタケカンパニーリミテド

【は】
有限会社ハイコーポレーション
パシフィックコンサルタンツ株式会社
長谷川シャッター工業株式会社

株式会社PASSIVE DESIGN COME HOME
株式会社ハブ
パブスナックやまこし
浜名湖電装株式会社
ぴあ株式会社
有限会社久門橋設
株式会社ヒサダ
株式会社飛騨ゆい
日野自動車株式会社
ひのてつ平針店
株式会社BeBlock
ひまわりネットワーク株式会社
ビューテック株式会社
有限会社ヒロトコーポレーション
株式会社Fieat
フカヤシンイチサービス
富士精工株式会社
株式会社藤田屋
藤田螺子工業株式会社
株式会社フジトランスコーポレーション
フジパングループ本社株式会社
富士フイルムビジネスイノベーションジャパン株式会社
フタバ産業株式会社
プライムアースEVエナジー株式会社
ブラザー工業株式会社
株式会社プロスチール
株式会社ベータテック
碧南運送株式会社
豊栄交通株式会社
豊三工業株式会社
豊生ブレーキ工業株式会社
株式会社蓬莱軒
豊和化成株式会社
HORAIDO
ホシザキ株式会社
株式会社ホテル豊田キャッスル
ホンダロジコム株式会社

【ま】
株式会社マーキュリーズ
mar's
株式会社前田技研
前野段ボール株式会社
株式会社マキタ
株式会社松浦商店
マドラス株式会社
株式会社マルサン
マルヤス工業株式会社
万能工業株式会社
萬福寺
一般社団法人三重県サッカー協会
株式会社三笠製作所
三河商事株式会社
ミクスネットワーク株式会社
ミズノ株式会社
株式会社水野鞄店
株式会社水野鉄工所
瑞穂通商店街振興組合
株式会社三井住友銀行
三井住友銀行豊田支店
三井住友信託銀行株式会社
三菱HCキャピタル株式会社
株式会社三菱UFJ銀行
三ッ星ベルト株式会社
株式会社宮上製作所
宮川建設株式会社
医療法人宮崎クリニック

株式会社ミヤベ金物店
ミヤマ工業株式会社
みよし市職員互助会
株式会社Make Future
名三工業株式会社
明治電機工業株式会社
明治安田生命保険相互会社
名伸電機株式会社
名西警備保障株式会社
株式会社メイダイ
名鉄観光バス株式会社
名鉄協商株式会社
名鉄コミュニティライフ株式会社
名鉄自動車整備株式会社
株式会社名鉄トヨタホテル
名東眼科
株式会社メイドー
名阪近鉄バス株式会社
明和工業株式会社
株式会社メック
医療法人メドック健康クリニック
株式会社メニコン
株式会社メンテック
株式会社モダン装美
森イチノ株式会社
もんじゃや株式会社

【や】
矢作建設工業株式会社
矢作産業株式会社
矢作地所株式会社
ヤハギ道路株式会社
株式会社ヤマイチプライメタル
山下機工株式会社
株式会社山下設計中部支社
山清工業株式会社
山清産業株式会社
山田工業株式会社
株式会社山田屋
株式会社山信商店
株式会社UACJ名古屋製造所
株式会社ユーコー
UCC上島珈琲株式会社
株式会社ユーネットランス
横浜ゴム株式会社
横山興業株式会社

【ら】
株式会社ラグナマリーナ
株式会社LUCKIIS
ランドマークス株式会社
利達工業株式会社
菱栄工機株式会社
リョーエイ株式会社
合同会社リンゴプロ
冷機テクノサービス株式会社
レッドガウル株式会社

【わ】
株式会社渡辺機械製作所
株式会社ワンダーズ

(50音順)

NAGOYA GRAMPUS OFFICIAL
YEAR BOOK 2024

発行人	小西 工己
発行	名古屋グランパス 〒470-0344 愛知県豊田市保見町井ノ向57-230 トヨタスポーツセンター内 TEL 0565-79-8880
発売	株式会社 中日新聞社 〒460-8511 愛知県名古屋市中区三の丸1丁目6番1号 TEL 052-221-1714 (事業局出版部)
編集・制作	株式会社 シーソーゲーム (本社) 〒105-7306 東京都港区東新橋1丁目9番1号 東京汐留ビルディング6F TEL 03-6261-6357
印刷・製本	株式会社 愛明社
写真	本美 安浩 黒川 真衣 鈴木 元徳 スローハンドプロダクション
通訳	黒川 隆史 (英語) ムン ゴンホ (韓国語)

2024年2月23日初版第1版発行 ISBN978-4-8062-0813-6
©名古屋グランパス